DESCRIPTIONS
DES ARTS
ET MÉTIERS.

DESCRIPTIONS
DES ARTS
ET MÉTIERS,

FAITES OU APPROUVÉES

PAR MESSIEURS

DE L'ACADÉMIE ROYALE
DES SCIENCES.

AVEC FIGURES EN TAILLE-DOUCE.

A PARIS,

Chez {SAILLANT & NYON, rue S. Jean de Beauvais;
DESAINT, rue du Foin Saint Jacques.

M. DCC. LXI.

Avec Approbation & Privilége du Roi.

ART
DE
LA TEINTURE
EN SOIE.

Par M. MACQUER.

M. DCC. LXIII.

AVANT-PROPOS.

Les avantages de l'Art de la Teinture, & l'importance dont il eſt pour le Commerce ſont trop connus pour qu'il ſoit beſoin de les expoſer ici. Tout le monde ſçait que c'eſt par le ſecours de cet Art, que nous transportons ſur nos habillemens & ſur nos meubles les couleurs vives & brillantes, dont la nature pare avec tant d'éclat ſes plus belles productions.

Mais il eſt important de faire remarquer que cet Art, quoique porté à un certain degré de perfection par la pratique de ceux qui l'exercent, eſt encore rempli de beaucoup de difficultés; il offre quantité de problêmes à réſoudre, & un grand nombre de procédés défectueux, dont on ne peut eſpérer la réforme que du concours des Phyſiciens les plus éclairés avec les Artiſtes les plus intelligents.

Feu M. du Fay & M. Hellot ſont les premiers Sçavans qui aient porté leurs vûes ſur cet objet; le travail de ce dernier a procuré au Public le Traité de la Teinture des Laines, Ouvrage, ſans contredit, le meilleur & le plus complet qui ait paru juſqu'à préſent ſur cette matiere.

La Teinture des Laines eſt à la vérité la branche la plus étendue & la plus importante de cet Art; elle peut même en être conſidérée comme la baſe: mais celle des Soies, des Fils, & des Cotons mérite auſſi une très-grande attention.

Des circonſtances particulieres m'ayant déterminé il y a déja long-tems à m'inſtruire des pratiques de la Teinture des Soies; je fréquentai l'Attelier d'un de nos meilleurs Artiſtes en ce genre; il ſe prêta avec le plus grand zele à me donner tous les éclairciſſements dont j'avois beſoin; je ſuivis exactement le détail de toutes ſes opérations, & je les rédigeai par écrit.

Depuis ce tems, l'Académie s'étant déterminée à publier la Deſcription de tous les Arts & Métiers, je crus qu'il étoit de mon devoir de lui communiquer les matériaux que j'avois ſur l'Art de la Teinture en ſoie; elle a agréé ce travail, & m'a chargé d'y mettre la derniere main.

Je puis aſſurer qu'on trouvera dans la Deſcription de cet Art toute l'exactitude & la fidélité qui font le mérite eſſentiel de ces ſortes d'Ouvrages. C'eſt à l'Artiſte intelligent qui ne m'a rien caché, qui m'a même communiqué généreuſement juſqu'à ſes pratiques particulieres, que le Public ſera redevable de ces avantages. Je souhaiterois beaucoup pouvoir le nommer ici avec les éloges qu'il mérite à si juste titre ; mais sa modestie me prive de cette satisfaction, & le porte à vouloir demeurer inconnu.

D'un autre côté, M. Hellot, qui possédoit plusieurs Mémoires & Procédés particuliers sur diverses Teintures en Soie, s'est fait un plaisir de me les communiquer, on les trouvera à la fin de ce Traité.

Avant que d'entrer dans les détails de la Teinture des Soies, il n'est pas hors de propos de jetter un coup d'œil général sur les opérations de cet Art.

Tout l'Art de la Teinture consiste à extraire les parties colorantes des différents corps qui les contiennent, & à les faire passer sur les Etoffes, de maniere qu'elles s'y trouvent appliquées le plus solidement qu'il est possible; mais il n'est pas à beaucoup près aussi facile de parvenir à ce but, que pourroient le croire ceux qui n'ont pas fait un examen approfondi de ce qui se passe dans les opérations de la Teinture.

Il sembleroit au premier coup d'œil, que pour teindre les Etoffes, il suffiroit d'extraire, par l'eau, la couleur des différents ingrédients capables d'en fournir, & de plonger ou de faire bouillir dans cette eau ainsi chargée de couleur, les Etoffes (*) qu'on a dessein de teindre; mais cette pratique si simple & si commode ne peut avoir lieu que pour un fort petit nombre de teintures, comme on le verra bientôt. Toutes les autres exigent des manipulations & des préparations particulieres, soit sur les ingrédients colorants, soit de la part des substances qui doivent être teintes.

Pour jetter quelque jour sur cette matiere, il est à propos d'établir d'abord plusieurs propositions relatives à l'analyse & aux principes des végétaux.

Lorsqu'on fait bouillir dans l'eau un végétal quelconque, il se fait une séparation des principes prochains de ce végétal; l'eau se décharge de tous ceux de ces principes qu'elle est en état de dissoudre, & laisse les autres auxquels elle ne touche point.

Les principes dont l'eau se charge sont les mucilages, les gommes, les sels, & une matiere huileuse combinée avec des sels qui la rendent miscible à l'eau, & à laquelle je crois qu'on doit donner en général le nom de *Substance savonneuse.* J'appelle toutes ces substances confondues ensemble *Matiere extractive*, sauf à distinguer ensuite plusieurs especes de matieres

(*) On désignera dans ce Traité les matieres à teindre, les Soies en écheveau, par le nom d'*Etoffes*.

extractives

extractives suivant la nature des substances qui y dominent.

Les principes des végétaux que l'eau ne dissout point, sont ses parties huileuses, résineuses & terreuses les moins salines.

Mais il est bien essentiel de remarquer que cette séparation des principes prochains des végétaux qui se fait par le moyen de l'eau, n'est jamais absolument entiere & exacte; les principes huileux, résineux & terreux auxquels elle ne touche point, recellent & garantissent de son action une certaine quantité des matieres dont elle est le dissolvant naturel; de même l'eau extrait des végétaux, non-seulement les principes dont elle est le dissolvant naturel, mais encore une portion de la matiere résineuse & terreuse, qui s'y tiennent suspendues à cause d'un certain degré d'adhérence qu'elles ont avec les matieres qui composent l'Extrait; or il arrive souvent que ces parties résineuses & terreuses sur-abondantes à la matiere extractive, s'en séparent ensuite, soit par leur désunion d'avec la matiere extractive, soit par la dissipation de la partie la plus volatile de celle-ci. De-là vient que la plûpart des infusions & décoctions, lors même qu'elles ont été filtrées & rendues très-claires, se troublent ensuite & laissent déposer beaucoup de ces matieres résineuses & terreuses, sur-tout si on les tient exposées à un certain degré de chaleur.

Ces notions préliminaires suffisent pour donner une idée générale de ce qui arrive dans les différentes opérations de la Teinture.

Parmi les ingrédients dont on se sert dans cet Art, il y en a dont la couleur ou la partie capable de teindre, réside dans une substance résineuse & terreuse, de la nature de celles qui se dissolvent en partie dans l'eau, à l'aide de la matiere extractive du même ingrédient, mais qui s'en séparent ensuite d'elles-mêmes, ainsi qu'on vient de le dire; la décoction de ces ingrédients est donc *résino-extractive*; & si l'on y plonge ou qu'on y fasse bouillir des Etoffes, la partie résineuse colorée s'applique d'elle-même sur ces étoffes, les teint & y adhere par le simple contact, sans pouvoir en être ensuite enlevée par l'eau, parce que ces substances résineuses & terreuses une fois séparées d'avec la partie extractive, ne peuvent plus être redissoutes par cette même partie, & à plus forte raison par l'eau seule.

Il suit de-là, que pour teindre avec ces sortes d'ingrédients, on n'a besoin d'aucune préparation, ni de la part de l'ingrédient teignant, ni de la part de l'étoffe qui reçoit la teinture.

Les principales ſubſtances de ce genre, ſont le brou de noix, la racine de noyer, le ſumac, le ſantal, & l'écorce d'aune. Ces matieres fourniſſent facilement leur teinture dans l'eau, & cette teinture s'applique & adhere aux étoffes d'une maniere très-ſolide, ſans le ſecours d'aucun *mordant*; mais toutes ces matieres ne donnent qu'une ſeule nuance, qui eſt le fauve que les Teinturiers en laine appellent *couleur de racine*: ces ingrédients ne ſont point d'uſage dans la teinture en ſoie.

Il y a d'autres ingrédients de teinture, dont la partie colorante eſt de nature tellement réſineuſe, que l'eau, même aidée de leur matiere extractive, eſt incapable de la diſſoudre ; les principaux de cette eſpece, ſont l'indigo, l'orſeille, & le carthame ou ſafran bâtard. On ne peut donc teindre avec ces ingrédients, qu'après avoir diſſous d'abord leur partie réſineuſe ; on y parvient en les traitant avec des matieres ſalines, & ſur-tout avec des ſels alkalis : chacune de ces matieres exige des manipulations particulieres, dont on trouvera le détail dans ce Traité.

On fera ſeulement ici deux obſervations ſur ces ingrédients, dont la teinture eſt réſineuſe : la premiere, c'eſt que, comme il n'y a point de végétaux qui ne contiennent de la matiere extractive, & que cette matiere a toujours quelque couleur, ces ingrédients renferment réellement deux ſortes de teintures, dont l'une eſt diſſoluble dans l'eau, & l'autre ne l'eſt pas. La couleur de la matiere extractive eſt preſque toujours rouſſe, verdâtre & ſale. Quelquefois cependant elle eſt décidée & aſſez belle. On en a un exemple dans la fleur de carthame. L'eau diſſout dans cette fleur, & lui enleve entiérement une couleur extractive d'un aſſez beau jaune ; mais elle ne touche point à une teinture d'un très-beau rouge contenue dans cette même fleur, parce que cette teinture eſt de nature abſolument réſineuſe : on eſt obligé de la diſſoudre par un ſel alkali, pour la mettre en état de teindre les Etoffes, comme on le verra à l'article du couleur de Feu & du couleur de Ceriſes.

La ſeconde obſervation qu'il eſt à propos de faire ſur les teintures réſineuſes, c'eſt que, quoiqu'on regarde communément les réſines comme diſſolubles dans l'eſprit-de-vin, il ſe trouve cependant des couleurs qui paroiſſent réſineuſes, en ce que l'eau ne peut les diſſoudre, mais qui ne cedent point davantage à l'action de l'eſprit-de-vin qu'à celle de l'eau; telle eſt, par exemple, la partie colorante de l'indigo.

J'ai déja eu occaſion de faire remarquer dans d'autres ouvrages, que parmi les matieres huileuſes concretes indiſſolubles dans l'eau, il y en a qui ſont diſſolubles dans l'eſprit-de-vin, & d'autres qui ne le ſont pas; que cette différence vient de la nature de l'huile, qui ſert de baſe à ces ſubſtances; que l'huile des premieres eſt de l'eſpece des huiles eſſentielles, & celle des ſecondes de la nature des huiles douces non volatiles. Il ſeroit donc à propos de ne pas confondre ſous la dénomination commune de *réſine*, des ſubſtances auſſi différentes; mais faute de nom particulier, & pour abréger, j'avertis ici que je me ſervirai du nom de *réſine*, pour toutes les couleurs huileuſes indiſſolubles dans l'eau.

La matiere colorante de preſque tous les autres ingrédients qui ſervent à la teinture, eſt de nature abſolument extractive : elle eſt entiérement diſſoluble dans l'eau ; la gaude, la ſarette, la geniſtrolle, & toutes les herbes qui donnent du jaune; les bois d'Inde, de Bréſil, de fuſtet, le bois jaune, & tous les bois de teinture; la garence, le kermès, la cochenille, & beaucoup d'autres ingrédients, fourniſſent une teinture de ce genre; toutes ces drogues n'ont beſoin d'aucune préparation, d'aucun diſſolvant particulier: l'eau ſeule dans laquelle on les fait infuſer ou bouillir, en extrait très-bien toute la matiere colorante. Mais ſi l'on eſſaie d'appliquer ces couleurs extractives ſur des matieres qui n'auront point été préparées, on verra bien-tôt qu'elles n'y ſont qu'une eſpece de *barbouillage* qui n'eſt d'aucune ſolidité; l'eau ſeule eſt capable d'enlever ces teintures de deſſus les Etoffes, avec la même facilité & par la même raiſon, qu'elle les a diſſoutes dans les ſubſtances qui les contenoient originairement.

Il a donc fallu trouver le moyen d'imprégner les étoffes qu'on vouloit teindre avec ces ingrédients, de quelque mordant qui eût la propriété de dénaturer en quelque ſorte leur teinture extractive, & de lui faire perdre ſinguliérement la facilité qu'elle a à ſe diſſoudre dans l'eau. On y eſt parvenu très-heureuſement, en pénétrant les matieres à teindre, de pluſieurs ſels qui ſont propres à produire cet effet, & entre leſquels l'alun tient, ſans contredit, le premier rang. Mais il eſt à remarquer, que ces couleurs extractives, quoique aſſurées toutes par les mêmes mordants, ne ſe fixent point, à beaucoup près, avec la même ſolidité. Les unes, comme celles de la gaude, de la garence, du kermès, de la cochenille, s'aſſurent tellement par l'effet des mordants, qu'elles ſont en état de réſiſter à l'action de l'air, & de durer auſſi long-tems que les étoffes, ſans ſe dégrader ſenſiblement ; les autres, & particuliérement celles du bois d'Inde, du bois de Bréſil, & de la plûpart des autres bois de teinture, ne ſe fixent qu'imparfaitement ; elles s'alterent, ſe dégradent & s'effacent preſque entiérement au bout d'un tems, plus ou moins long : de-là eſt venue la diſtinction entre le *bon* & le *faux teint*.

Ce ſeroit ici le lieu d'expliquer la maniere dont les mordants agiſſent dans la teinture, & de développer la cauſe du bon & du faux teint ; mais ces objets ont été traités avec tant de ſagacité par M. Hellot, dans ſa Deſcription de la Teinture des Laines, que je crois devoir y renvoyer le Lecteur.

Je me contenterai d'annoncer ici, que je crois poſſible d'aſſurer toutes les couleurs de faux teint ; & que ceux qui ont des connoiſſances en Chymie, en étudiant le détail des opérations de la Teinture, & travaillant d'après les idées que cela leur fera naître, pourront parvenir à faire diſparoître la diſtinction entre le *bon* & le *faux teint* ; ce qui eſt certainement le plus beau & le plus utile problême, qu'on puiſſe réſoudre en ce genre. Mr Sarazin costumier a paris a des memoires sur cet objet. D'après des operations éprouvées en 1782

Si, comme on en doit être convaincu par les obſervations qui viennent d'être rapportées, on a des difficultés à ſurmonter dans la teinture de la part des matieres qui fourniſſent les couleurs ; celles qui doivent les recevoir, en offrent qui ne ſont pas moins conſidérables. La laine, la ſoie, le coton & le fil, ont chacun leur caractère particulier, & ne ſe prêtent point également à recevoir les mêmes teintures.

Les rouges de la garence & du kermès qui s'appliquent très-bien ſur la laine, ne peuvent point prendre ſur la ſoie. On peut dire en général, que la laine & toutes les matieres animales, ſont celles qui ſe teignent le plus facilement, & dont les couleurs ſont les plus belles & les plus ſolides ; le coton, le fil & toutes les matieres végétales, ſont au contraire les plus ingrates, & les plus difficiles à teindre.

C'eſt ſur-tout dans l'écarlatte de cochenille, que cette différence devient très-ſenſible ; & voici une fort belle obſervation de M. du Fay à ce ſujet : Si dans une même décoction de cochenille préparée pour teindre en écarlatte, par une quantité convenable de diſſolution d'étain, on met en même-tems de la laine, de la ſoie & du coton, on ne pourra voir ſans étonnement, qu'après avoir fait bouillir ſuffiſamment toutes ces matieres, la laine en ſortira teinte en un rouge magnifique & plein de

feu,

feu, tandis que la ſoie n'aura pris qu'une couleur de lie-de-vin fort terne, & que le coton n'aura pas ſeulement perdu ſon blanc.

Cette expérience donne lieu d'obſerver une gradation bien ſenſible, dans l'aptitude qu'ont la laine, la ſoie & le coton, à recevoir cette ſorte de teinture; & comme la ſoie y tient exactement le milieu entre la laine, matiere entiérement animale, & le coton, ſubſtance purement végétale, il paroît qu'on en peut conclure, que, quoique la ſoie ſoit le produit d'un inſecte, quoiqu'elle fourniſſe, dans ſon analyſe, les mêmes principes que les matieres animales, & qu'on la regarde communément comme telle, elle n'a pas réellement tous les caracteres des ſubſtances parfaitement animaliſées : car il eſt certain d'ailleurs, que la ſoie qui réſiſte beaucoup moins que le fil & le coton à l'action des ſels alkalis, y réſiſte cependant infiniment mieux que la laine; & que les Teignes & autres Inſectes qui mangent avidement la laine, ne touchent jamais à la ſoie.

On ne ſera pas étonné après cela, que la plûpart des opérations de teinture ſoient fort différentes pour les laines, les ſoies, les fils & les cotons; & que les gens d'Art qui teignent ces différentes matieres, ſoient partagés en pluſieurs Corps, ou plutôt embraſſent d'eux mêmes quelqu'un de ces objets en particulier, auquel ils ſe bornent.

Il arrive de-là que perſonne n'a une connoiſſance entiere de tous les procédés de la teinture. Les Teinturiers en laine ne connoiſſent point, ou ne connoiſſent que d'une maniere très-vague, les pratiques des Teinturiers en ſoie, fil & coton; il en eſt de même de ces derniers, qui ſe renferment tous chacun dans ſon objet. On ne peut eſpérer cependant la perfection de l'Art, que de la réunion de toutes ces connoiſſances, & de la comparaiſon des différens procédés. Il eſt donc bien à ſouhaiter, que les meilleurs Artiſtes dans les autres branches de la Teinture, ſe prêtent auſſi à communiquer leurs pratiques particulieres: c'eſt le ſeul moyen par lequel on pourra connoître exactement l'état actuel & les beſoins de cet Art important.

ART

ART DE LA TEINTURE EN SOIE.

Cuite de la Soie.

La Soie ſortant de deſſus les cocons a une roideur & une dureté qui lui viennent d'une ſorte de vernis dont elle eſt naturellement enduite ; elle a auſſi, du moins preſque toute celle de ce pays-ci, une couleur rouſsâtre-jaune, ordinairement même très-foncée. Cette roideur de la Soie ne convient point pour la plûpart des étoffes, à la fabrique deſquelles elle eſt deſtinée ; & ſa nuance naturelle eſt défavorable à preſque toutes les couleurs qu'on doit lui faire prendre.

La premiere des opérations de l'Art de la Teinture en Soie, a donc pour objet de lui enlever en même tems ſon enduit & ſa couleur naturelle : mais il eſt aiſé de ſentir que cela ne ſe peut faire que par le moyen d'un diſſolvant qui ait une action ſuffiſante ſur le vernis naturel de la Soie. Les Artiſtes qui ſe ſont occupés les premiers de cet objet, n'ont certainement pas eu beaucoup à choiſir parmi les agents qui pouvoient remplir ces vûes ; car l'enduit de la Soie eſt une ſubſtance d'une nature ſinguliere qui ne ſe laiſſe attaquer, à proprement parler, que par une ſeule eſpece de diſſolvants.

Cette matiere réſiſte abſolument à l'action de l'eau ; les diſſolvants ſpiritueux, & particuliérement l'eſprit-de-vin, loin de l'enlever, ne font au contraire que la *racornir*. Les acides ſuffiſamment affoiblis ou adoucis pour ne point détruire la Soie même, n'attaquent ſon enduit que fort imparfaitement. Enfin, il paroît qu'il n'y a que les ſels alkalis qui aient ſur lui aſſez d'action pour le diſſoudre efficacement, quoique suffisamment affoiblis ou adoucis pour ne point altérer sensiblement la Soie.

Toutes les propriétés de cette substance démontrent qu'elle n'est ni une gomme, ni une vraie résine, ni même une gomme-résine, & qu'elle differe essentiellement de toutes ces matieres; car toutes les gommes se dissolvent dans l'eau, toutes les vraies résines se dissolvent dans l'esprit-de-vin, & toutes les gommes-résines peuvent être dissoutes en partie dans l'eau, en partie dans l'esprit-de-vin: c'est donc probablement une de ces matieres huileuses concretes, qui different des résines proprement dites, en ce que leur partie huileuse n'est pas de l'espece des huiles essentielles, mais de celle des huiles douces qui n'ont rien de volatil, & qui ne se laissent point attaquer par l'esprit-de-vin. Peut-être aussi l'enduit de la Soie est-il composé de substances gommeuses & huileuses, mais proportionnées & combinées de maniere qu'elles se servent mutuellement de défensifs contre l'action de leurs dissolvants propres.

Quoi qu'il en soit, c'est par le moyen des sels alkalis qu'on parvient à débarrasser la Soie de son vernis, ce qui s'appelle la *décreuser*. Mais soit qu'on n'ait point pensé à employer à cet usage, les alkalis purs & étendus dans une suffisante quantité d'eau, soit qu'on y ait trouvé quelque inconvénient, il paroît que dans ces pays-ci on s'est accordé à se servir pour cela de l'alkali adouci par de l'huile, c'est-à-dire, du savon.

Le *décreusement* ou *décreusage* de la Soie qu'on nomme aussi la *cuite*, se fait en général par de l'eau chaude chargée d'une certaine quantité de savon; mais les détails de cette opération, & la quantité de savon varient, suivant l'usage auquel est destinée la Soie, comme on va le voir.

On cuit en deux fois les Soies auxquelles on veut donner le plus grand degré de blancheur; celles, par exemple, qui doivent rester en blanc, & avec lesquelles on doit fabriquer des étoffes blanches: & l'on cuit en une seule fois & avec une moindre quantité de savon presque toutes celles qu'on doit teindre ensuite en différentes couleurs, parce que le petit œil roux qui leur reste, n'empêche point que la plûpart des couleurs qu'on leur donne ensuite ne soient belles: on emploie néanmoins différentes quantités de savon, suivant les couleurs pour lesquelles les Soies sont destinées; on fera mention à l'Article de chaque Teinture, de la quantité de savon qui doit être employée pour la cuite de la Soie qui doit la recevoir. On va parler d'abord de la maniere de cuire les Soies auxquelles on veut donner la plus grande blancheur; cette cuite se fait, comme on l'a déja dit, en deux fois.

Du Dégommage & de la Cuite de la Soie, pour le Blanc.

La premiere cuite que l'on donne à la Soie destinée à être mise en blanc, se nomme *Dégommage*, parce qu'en effet le but qu'on se propose dans cette opération, est d'ôter à la Soie la plus grande partie de sa gomme ([a]).

Pour faire le dégommage, on commence par *pantimer* ou *pantiner* les soies; c'est-à-dire, qu'on passe un fil autour de chaque *Mateau*, qui consiste en une certaine quantité d'écheveaux noués ensemble, comme on le voit en A, *Planche II, Fig.* 2. Après cela, on dénoue les *Mateaux*, & on en joint plusieurs ensemble pour en former une poignée dont la grosseur & le nom varient, suivant les Manufactures. A Lyon, cette poignée conserve le nom de *Mateau*; à Tours elle prend le nom de *Parceau*; & à Paris celui de *Bouin*: ces noms varient de même dans d'autres Manufactures ([b]).

Cette précaution de *pantimer* les soies est nécessaire pour qu'elles soient plus faciles à *dresser*, pour pouvoir les manier plus aisément, & pour empêcher qu'elles ne se mêlent, ou ne se *crampillent*, comme disent les Teinturiers.

Après cette opération, on fait chauffer dans une chaudiere ovale A, *Planche I, Fig.* 1, une suffisante quantité d'eau de riviere, ou autre eau propre pour y faire fondre du savon de *Marseille*, à raison de trente pour cent du poids de la soie. On coupe le savon par petits morceaux pour le faire dissoudre plus facilement.

Quand le savon a été fondu en bouillant, on remplit la chaudiere d'eau fraîche, & l'on ferme les portes du fourneau, en laissant seulement un peu de braize dessous, afin que le bain se tienne très-chaud, mais sans bouillir; parce que si le bain bouilloit, cela feroit ouvrir & *bourer* la soie, sur-tout la soie fine.

Pendant que ce bain se prépare, on passe les mateaux sur des bâtons, qui se nomment *lisoirs*, représentés en B, *Planche II, Fig.* 2; & dès qu'il est en état, on y met les soies, & on les laisse sur ce bain de savon jusqu'à ce qu'on voie que toute la partie qui trempe est entiérement dégommée; ce que l'on reconnoît aisément par la blancheur & par la flexibilité que la soie prend en perdant sa gomme. Alors on la retourne sur les bâtons pour faire subir la même opération à la partie qui n'avoit point trempé, & l'on retire du bain à mesure que le dégommage est fait, parce que les mateaux qu'on a retournés les premiers sont toujours plutôt dégommés que les autres. La soie étant ainsi dégommée, on la tord sur la *cheville* pour lui faire quitter son savon, & on la *dresse*; c'est-à-dire,

([a]) Cette expression est impropre, comme on en peut juger par ce qui vient d'être dit sur la nature de l'enduit de la soie; néanmoins on s'en servira, parce qu'elle est commode & usitée par les gens de l'Art.

([b]) On se servira dans ce Traité des termes usités à Lyon, parce que les Manufactures de cette Ville en fait de soie sont les plus considérables & les plus renommées.

qu'on la manie ſur la cheville & ſur les mains, pour la démêler ou décrampiller.

Enſuite on paſſe une corde dans les mateaux, pour les aſſujétir pendant la cuite, ce qui s'appelle *mettre en cordes*.

On peut paſſer juſqu'à huit ou neuf mateaux dans chaque corde, comme on le voit en A, *Planche III, Fig.* 2. Après cela, on met les ſoies dans des ſacs ou poches de groſſe & forte toile. Ces poches ont quatorze ou quinze pouces de large, & quatre à cinq pieds de long, & elles ſont fermées par les deux bouts. Elles ſont ouvertes par le côté, de toute la longueur de la poche. Lorſqu'on y a mis la ſoie, on coud cette poche tout du long avec une ficelle qu'on arrête par le moyen d'un nœud.

On met dans chaque poche vingt-cinq à trente livres de ſoie. Cette opération s'appelle *empocher*. Voyez en F, *Planche II. Fig.* 1.

Lorſqu'elle eſt faite, on prépare un nouveau bain de ſavon, ſemblable au premier, c'eſt-à-dire, qu'on y met la même quantité de ſavon pour cent, & lorſque le ſavon eſt bien fondu, & qu'on a abattu le bouillon par de l'eau fraîche, on met les poches dedans, & l'on fait bouillir à gros bouillons pendant une heure & demie. Quand le bouillon veut s'enfuir, on le rabat par un peu d'eau froide. Pendant cette cuiſſon, on a attention de *barrer* ſouvent, c'eſt-à-dire, que par le moyen d'une barre, ou plutôt d'une perche, C, *Planche II, Fig.* 2. on remue les ſacs en faiſant paſſer deſſus ceux qui étoient deſſous, pour empêcher que la ſoie ne ſe brûle, en touchant trop long-tems le fond de la chaudiere : ce mouvement aide auſſi à la faire cuire plus également & plus promptement.

L'opération que l'on vient de décrire s'appelle *la Cuite*, elle ſe pratique pour les ſoies qui ſont deſtinées à reſter en blanc, & ſe fait dans la chaudiere ronde B, *Planche I, Fig.* 1.

De la Cuite des Soies deſtinées à être teintes.

Pour cuire les ſoies deſtinées à être miſes en couleurs ordinaires, on met vingt livres de ſavon pour chaque cent peſant de ſoie crue ; & la cuite ſe fait en tout comme dans l'opération qu'on vient de décrire, avec cette différence ſeulement que comme on ne fait point de dégommage, on fait bouillir pendant trois heures & demie ou quatre heures ; ayant ſoin de remplir de tems en tems avec de l'eau pour avoir toujours une quantité de bain ſuffiſante.

Si l'on deſtine les ſoies à être miſes en bleu, en gris-de-fer, ſoufre, ou autres couleurs qui demandent à être miſes ſur un fond bien blanc, pour avoir toute la beauté qu'on peut leur deſirer ; on emploie pour la cuite trente livres de de savon pour cent pesant de soie, & l'on fait bouillir de même pendant trois ou quatre heures.

Enfin, si la soie est destinée à être mise en ponceau, cerise, & autres rouges de *saffranum*, on emploie pour la cuite cinquante livres de savon pour chaque cent pesant de soie, parce qu'il est nécessaire qu'elle devienne presque aussi blanche que celle qui doit rester en blanc.

Quand les soies sont cuites, on les *jette bas*, c'est-à-dire, qu'on retire les poches de la chaudiere. Pour faire cette opération, on se sert d'une barre ou perche plus petite que la premiere dont nous avons parlé. On passe cette petite perche sous le sac en appuyant sur le bord de la chaudiere, & par ce moyen on souleve la poche en la pinçant.

Pour lors, on passe par dessous ce point d'appui une perche assez grande pour porter sur les deux bords de la chaudiere, & l'on retire le sac en le roulant & l'engageant successivement sur les deux perches, jusqu'à ce qu'il soit entiérement hors du bain, & aussi-tôt on le jette à terre. Il faut avoir soin que l'endroit où l'on jette les sacs, en les retirant, soit bien propre, ou même de le couvrir de toile ou de planches pour éviter les taches qui pourroient pénétrer à travers le sac; ou pour le mieux, on le jette sur un *Baillard* en attirant à soi. Voyez la forme du Baillard D, *Planche II. Fig.* 2. & l'opération en A, même *Planche*, *Fig.* 1.

Quand il est sur le baillard, on le découd en tirant la ficelle après avoir défait le nœud, & l'on en retire les soies pour examiner si elles sont bien cuites, & s'il ne s'y trouve point de ce que les Teinturiers nomment improprement *biscuit*, c'est-à-dire, des places où le bouillon n'aura point suffisamment pénétré; ce qui se voit aisément par le jaune, & un certain limon qui reste en ces endroits. Si l'on y voit ce défaut, il faut les remettre à cuire, en faisant bouillir de nouveau pendant quelque tems; & quand on voit que toute la soie est bien cuite, on jette toutes les poches à bas, comme on avoit fait la premiere fois.

Après avoir *dépoché*, on dresse le tout sur la cheville, comme on le voit en B, *Planche* 1, *Fig. I.* pour disposer ensuite les soies à être mises dans les couleurs qu'on veut leur donner.

Remarques sur le Dégommage & la Cuite.

Il est nécessaire d'employer le meilleur savon blanc de Marseille pour la cuite des soies. Tout autre savon de qualité inférieure ne réussit pas également bien, & d'ailleurs on ne ménageroit pas en employant certains savons; car il en faudroit une plus grande quantité: il y en a qui se caillent avec la gomme de la soie, & forment avec elle une matiere qui a presque la consistance de la cire.

On s'est servi, pour cuire la soie, d'un savon dans lequel il entroit de la graisse, mais on a remarqué que les soies qui avoient été cuites avec ce savon, n'avoient jamais la sécheresse & l'éclat vif convenables; d'ailleurs elles se roussissoient à la longue.

La soie perd communément un quart de son poids à la cuite: il y en a quelques-unes, comme les trames d'Espagne, de Valence, & plusieurs autres, qui perdent deux ou trois pour cent de plus.

Le bain de savon qui a servi à la cuite de la soie, prend une mauvaise odeur, & se corrompt très-promptement, & pour lors il n'est plus bon à rien. Si, lorsqu'il fait chaud, on garde pendant six ou sept jours, en monceau, de la soie cuite qui n'a pas été dégorgée & lavée du savon de sa cuite, elle s'échauffe; elle prend une mauvaise odeur, & même il s'y forme des vers blancs de même forme que ceux de la charogne: ces vers cependant ne mangent point la soie, mais seulement l'eau de savon mêlée de gomme dont elle est restée mouillée; cette soie est sujette à se durcir.

La soie qui n'a point été cuite, & qu'on nomme *soie crue*, est roide & dure, ainsi qu'on l'a dit, ensorte que la cuisson est absolument nécessaire, tant pour lui ôter ces mauvaises qualités, que pour lui enlever la couleur jaune, qu'ont naturellement beaucoup d'especes de soies. Il est nécessaire d'employer pour la cuite de la soie de l'eau bien pure, & qui dissolve parfaitement bien le savon; celle de la riviere de Seine est très-bonne.

Lorsque l'eau de la riviere est bien bourbeuse, cela n'empêche pas qu'on ne s'en serve pour cuire les soies; mais dans ce cas, on est obligé de la laisser déposer pendant quelque tems, on la met ensuite dans la chaudiere, & on acheve de l'épurer de la maniere suivante.

On la fait chauffer sans bouillir; après quoi on y jette environ une livre de savon sur trente seaux d'eau: ce savon fait monter à la surface de l'eau les impuretés en forme d'écume qu'on enleve avec l'écumoire; après quoi on fait la cuite à l'ordinaire.

Telles sont les méthodes usitées jusqu'à présent dans toutes les Manufactures de l'Europe, pour cuire & décreuser les soies: mais peut-être seront-elles changées, du moins à certains égards; car les principaux Négociants & Manufacturiers en étoffes de soie, ont remarqué depuis long-tems que les soies de ces pays-ci qui sont décreusées par le savon, ont plusieurs défauts, & singuliérement moins de lustre que celles de la Chine, qu'on dit être décreusées sans savon. Ces considérations ont engagé l'Académie de Lyon à proposer pour le sujet de son prix de l'année 1761, de trouver une Méthode de décreuser les soies sans savon, & ce prix vient d'être décerné à M. *Rigaut*, de S. Quentin, déja connu par plusieurs recherches Chymiques très-utiles pour la perfection des Arts & des objets de Commerce.

Ce Physicien déja prévenu par le programme de l'Académie, que c'est l'huile du savon qui donne à la soie les mauvaises qualités dont on se plaint, propose de substituer au savon une dissolution de sel de soude, étendu dans une suffisante quantité d'eau pour ne point altérer & énerver la soie; ce qui, sans doute, remplit les vûes de l'Académie.

Du Blanc.

Les soies dégommées & cuites, comme on vient de le dire, ont le plus grand degré de blancheur qu'on puisse leur donner par ces opérations; mais comme il y a différentes nuances de blanc, dont les unes ont un petit œil jaunâtre, les autres tirent sur le bleu, d'autres sur le rougeâtre; les Teinturiers sont obligés, pour faire prendre à la soie la nuance particuliere de blanc qu'ils desirent, d'ajouter quelques ingrédients, soit dans le dégommage, soit dans la cuite, soit dans un troisieme bain fort léger de savon, qu'ils nomment *le Blanchiment*. On va indiquer les moyens de donner à la soie les principales nuances de blanc.

On distingue dans la Teinture en soie cinq sortes de blancs, ou plutôt cinq principales nuances de blanc, qui se nomment *le blanc de la Chine*, *le blanc des Indes*, *le blanc de fil* appellé aussi *blanc de lait*, *le blanc d'argent*, & *le blanc azuré*. Tous ces blancs ne different les uns des autres que par des nuances très-légeres; mais qui sont cependant sensibles à la vûe, sur-tout lorsqu'on les compare les unes avec les autres.

Les trois premiers blancs se dégomment & se cuisent comme il a été dit.

Pour faire le blanc de la Chine, on lui donne un peu de rocou sur le blanchiment, quand on veut qu'il ait un œil rougeâtre, sans quoi on n'y met rien.

Le blanc des Indes n'a besoin que de passer sur *le blanchiment*, excepté lorsqu'on veut qu'il ait un petit œil bleu; on lui donne dans ce cas un peu d'indigo, préparé comme on le dira ci-après, & que les Teinturiers nomment *azur*.

Le blanc de fil se passe sur *le blanchiment*, qui va être décrit ci-après, avec un peu d'azur.

Mais pour le blanc d'argent & le blanc azuré, il est à propos de mettre de l'azur dans le dégommage, ce qui se fait de la maniere suivante.

On prend de bel indigo; on le lave deux ou trois fois dans de l'eau moyennement chaude; ensuite on le pile bien dans un mortier, & on jette de l'eau bouillante dessus. On laisse reposer & tomber toutes les parties grossieres de l'indigo, & l'on ne se sert que du clair; c'est ce qu'on appelle *azur*.

On met de cet azur dans le bain de ſavon deſtiné au dégommage.

Il n'y a rien de déterminé ſur la quantité, parce que ſi la ſoie ne ſe trouve point aſſez azurée, on lui redonne de l'azur ſur le blanchiment.

Pour le blanc d'argent & le blanc azuré, on met auſſi de l'azur dans la cuite, à vûe-d'œil, comme dans le dégommage.

Lorſque la cuite eſt faite, on leve la ſoie de la chaudiere en la *barrant*, c'eſt-à-dire, en lui faiſant faire le moulinet par le moyen de la demi-barre, comme il a été dit; mais au lieu de jetter les poches à terre, ou ſur le baillard, on les porte dans une barque remplie d'eau claire; on ouvre la poche dans l'eau, & on l'en retire en y laiſſant la ſoie; on étale la ſoie dans l'eau par cordée, après quoi on la leve, & on la poſe ſur le *baillard*, qui eſt mis en travers ſur la *barque*, & à travers lequel les ſoies s'égoutent de leur eau de ſavon dans la *barque*.

Cette premiere eau de ſavon, eſt remiſe dans la chaudiere où l'on a fait la cuite de blanc, pour ſervir à une autre cuite.

On remplit la barque avec de nouvelle eau claire, dans laquelle on lave ou *disbrode* les blancs. On les écoule & on les dreſſe enſuite, & on en fait des mateaux propres à être tords. En même temps on prépare le blanchiment de la maniere ſuivante.

Du Blanchiment.

Pour faire ce qu'on appelle *le blanchiment*, on remplit une chaudiere d'eau claire: ſur trente ſeaux, on met environ une livre ou une livre & demie de ſavon; on fait bouillir le tout; & quand le ſavon eſt fondu, on braſſe l'eau avec un bâton pour voir ſi le blanchiment eſt aſſez gras, ou ſi, au contraire il ne l'eſt pas trop: ces deux inconvénients ſont également à éviter, parce que ſi le blanchiment étoit trop maigre, les ſoies n'y prendroient pas une teinte uniforme; ſi, au contraire, il étoit trop gras, elles refuſeroient de tirer l'azur comme il faut, & prendroient des plaques bleues par places. On connoît que le blanchiment eſt bon, quand en le battant avec un bâton, il donne une écume qui n'eſt ni forte ni foible; pour lors, on met les ſoies en bâtons, & on les paſſe de la maniere ſuivante.

Pour le blanc de la Chine, on paſſe ſur le bain en y ajoutant un peu de rocou, ſi l'on veut qu'il porte un œil un peu rouge. On doit obſerver de paſſer les ſoies dans le bain de la maniere ſuivante. On y plonge tous les mateaux arrangés ſur leurs bâtons; & on place ces bâtons, de maniere que les deux bouts portant ſur les deux côtés du vaiſſeau, tous les écheveaux poſés verticalement, trempent dans le bain, à l'exception de leur partie ſupérieure qui en eſt dehors, parce qu'elle eſt retenue par le bâton, & que le vaiſſeau ne peut être rempli entiérement, à cauſe de l'eſpace qu'il faut laiſſer pour manœuvrer.

On

On les prend enſuite l'un après l'autre, & on les retourne bout pour bout, afin de faire tremper à ſon tour la partie du mateau qui étoit dehors, & on les repouſſe en même tems à l'autre extrémité du vaiſſeau. Cette manœuvre qu'on réitere juſqu'à ce que la ſoie ait pris uniformément la teinte qu'on veut lui donner, s'appelle *liſer* la ſoie; les bâtons dans leſquels ſont paſſés les mateaux, ſe nomment des *liſoirs*, ainſi qu'on l'a dit ci-devant; & lorſqu'on a mis ainſi de haut en bas chaque mateau, cela s'appelle avoir donné une *liſe* : ainſi, chaque fois qu'on les retourne, c'eſt une nouvelle liſe qu'on leur donne. Cette manœuvre ſe pratique dans toutes les opérations où il s'agit de faire prendre également quelque couleur à la ſoie; & l'on obſerve toujours de liſer ſans interruption dans le commencement, ou juſqu'à ce que la nuance que prend la ſoie ſoit bien uniforme. Sur la fin, ou lorſque le bain eſt déja affoibli, on donne les liſes moins fréquemment. Voyez cette manœuvre en C, *Planche II. Fig.* 1.

Pour le blanc des Indes, on liſe de même, & l'on ajoute un peu d'azur, ſi l'on veut qu'il ait un petit œil bleu; & cela ſe fait en particulier pour ne pas gâter le blanchiment qui eſt deſtiné à ſervir ainſi pour les autres blancs.

Pour le blanc de fil, & pour les autres blancs, on y ajoute un peu d'azur, à proportion de la nuance qu'on veut leur donner.

Pendant toute cette opération, il faut obſerver que le bain ſoit bien chaud, mais ſans bouillir, & liſer exactement juſqu'à ce qu'on voie que toute la ſoie ait pris une nuance bien unie, ce qui eſt fait ordinairement en quatre ou cinq liſes. A meſure que les ſoies ſont unies & finies, on les tord à ſec ſur *l'eſpart*: après quoi, on les étend ſur les perches pour les faire ſécher ſimplement; ou bien à la vapeur du ſoufre, ſi cela eſt néceſſaire, comme on va le dire.

Du Soufrage.

Toutes les ſoies qui ſont deſtinées à être employées en blanc pour toutes ſortes d'étoffes, à l'exception de la moire, doivent être ſoufrées, parce que l'acide du ſoufre acheve de leur donner le plus grand degré de blancheur auquel on puiſſe les amener : le *ſoufrage* ſe fait de la maniere ſuivante.

Sur des perches placées à ſept ou huit pieds de hauteur, on étend les ſoies qu'on veut ſoûfrer; on choiſit pour cela une haute chambre ſans cheminée, ou un grenier élevé où l'on puiſſe dans le beſoin donner accès à l'air, en ouvrant les portes & les fenêtres.

On met pour cent livres de ſoie à peu-près une livre & demie ou deux livres de ſoufre en canons dans une terrine ou dans une marmite de fer au fond de laquelle on a mis un peu de cendre; on écraſe groſſiérement les canons de ſoufre; on le met en un tas ſur la cendre; on allume à la chandelle un des morceaux, avec lequel on met le feu à plusieurs endroits du tas.

On ferme bien la chambre ; s'il y a une cheminée, il faut aussi avoir attention de la boucher, pour empêcher que la vapeur du soufre ne se dissipe, & on laisse brûler tout le soufre sous les soies pendant la nuit.

Le lendemain on ouvre les fenêtres pour laisser dissiper l'odeur du soufre & faire sécher les soies ; ce qui suffit dans l'été.

Pendant l'hiver, après que l'odeur du soufre est passée, on referme les fenêtres, & on met de la braise allumée dans des réchauds pour faire sécher les soies. Il est très-essentiel que l'endroit dans lequel on soufre les soies soit situé de maniere qu'on en puisse ouvrir la porte & les fenêtres, sans être obligé d'y entrer ; il faut le laisser ainsi ouvert jusqu'à ce que l'air s'y soit renouvellé, sans quoi on seroit exposé à être suffoqué par les vapeurs du soufre & de la braise.

Quand le soufre est consommé, on trouve une croute noire qu'on enleve de dessus la cendre, elle est très-combustible, & on s'en sert pour allumer le soufre par la suite ; ce qui est plus aisé que quand on allume le soufre même qui n'a pas encore été brûlé.

Pour voir si les soies sont suffisamment seches, on les tord à la cheville, & elles sont bien si elles ne se collent pas les unes aux autres en les tordant ou *chevillant* : si elles collent encore, on les remet à sécher.

Remarques sur les Blancs & le Soufrage.

L'ACIDE vitriolique sulfureux qui se dégage en grande quantité pendant une lente combustion du soufre, a la propriété de manger & de détruire avec une très-grande efficacité, la plûpart des couleurs ; c'est par cette raison que le soufrage donne à la soie un blanc plus éclatant : il mange le roux qui lui restoit, & qui, par le mélange de l'azur, paroissoit un peu verdâtre : il lui donne aussi plus de fermeté, & même ce qu'on appelle du *cri* ou du *maniement*. Cela consiste en ce que, lorsque la soie a été imprégnée de l'acide du soufre ou d'un autre acide quelconque, & qu'on en fait rouler les uns sur les autres les brins d'un écheveau en les pressant entre les doigts, leur frottement devient sensible par des especes de vibrations ou de trémoussemens qui se communiquent à la main, & même par un petit bruit qu'on entend très-bien quand on l'approche de son oreille, & qu'on y prête attention.

Comme ce maniement donne une certaine roideur aux soies, on est dans l'usage de ne point soufrer celles qui sont destinées à faire de la moire, parce que lorsqu'elles sont soufrées elles résistent trop aux impressions de la calendre, sous laquelle on fait passer l'étoffe pour la moirer, & que cela empêche les fils de l'étoffe de rouler assez librement les uns sur les autres pour prendre un beau *moirage*.

Pour éviter l'inconvénient qui résulte de cette roideur ou dureté que la soie prend au soufrage, on est dans l'usage, dans certaines manufactures, de la désoufrer : ce qui consiste à la tremper à plusieurs reprises dans de l'eau chaude en lisant comme pour la Teinture. Cette opération rend la soie plus douce, & lui fait perdre son maniement ; mais cette soie est toujours moins propre à être moirée que celle qui n'a point été soufrée. Si l'on vouloit teindre des soies qui auroient été soufrées, il faudroit les désoufrer, parce qu'il y a beaucoup de couleurs qu'elles ne prendroient pas bien sans cette précaution ; ce sont toutes celles qui ne peuvent résister à l'action des acides.

Quand les soies ont été soufrées, si l'on remarque qu'elles n'aient point assez d'azur pour la nuance qu'on veut assortir, il faut leur en donner de nouveau sur de l'eau claire & sans y mêler de savon ; & il est à remarquer que si l'on emploie de l'eau crue comme l'est celle de certains puits, l'azur en est plus bleu ; si, au contraire, on emploie une eau de riviere bien douce, l'azur tire un peu plus sur le rouge.

Après qu'on a ainsi redonné de l'azur, on soufre les soies une seconde fois. Au reste, le premier soufrage n'est pas inutile dans cette opération, parce que l'acide du soufre fait prendre plus facilement sur la soie l'azur qui se donne avec l'eau seule ; car il n'en seroit pas de même de celui qui se donne sur le savon.

A l'égard de la cuite, si l'on n'avoit pas d'azur, on pourroit y mêler un peu du bain d'indigo préparé pour teindre en bleu, comme on le dira ci-après, & que les Teinturiers nomment *bleu de cuve* ; il produiroit le même effet, pourvû que ce bleu fût tiré d'une cuve qui eût encore toute sa force. On pourroit même, à la rigueur, se servir de ce bleu de cuve pour donner l'azur avec l'eau; mais il est sujet à donner une nuance moins belle, parce que quand on mêle une petite quantité de bleu de cuve dans beaucoup d'eau, il perd sa qualité & tombe dans le gris.

Il y a des étoffes qu'on fabrique toujours avec des soies crues, pourvues de toute leur gomme & de leur fermeté naturelle, parce que ces étoffes doivent être elles-mêmes très-fermes, & comme empesées ou gommées, telles sont les dentelles de soie qu'on connoît dans le commerce sous le nom de *blondes*, les *gazes* & autres de cette espèce. Les soies destinées à la fabrique de ces sortes d'étoffes, ne doivent donc point être dégommées ni cuites ; & on leur donne toutes les préparations de teinture dont elles ont besoin, sans leur avoir fait subir ces opérations préliminaires. On aura, par cette raison, attention d'indiquer à la fin de chaque procédé de teinture, ce qu'il faut observer pour faire prendre à la soie crue toutes les différentes couleurs. Voici d'abord ce qui concerne les soies qui doivent être employées crues & blanches, pour les étoffes dont on vient de parler.

Il faut choisir celles qui sont naturellement les plus blanches, & les tremper dans de l'eau, les tordre enſuite, les ſoufrer, & après cela leur donner de l'azur ſur de l'eau claire ; les tordre de nouveau, & enſuite les ſoufrer une ſeconde fois : du moins telle eſt la méthode ordinaire.

Mais l'expérience a appris qu'on peut faire auſſi bien, en les trempant dans un bain de ſavon, comme pour le blanchiment, & chaud au point qu'on n'y puiſſe tenir la main. On les liſe ſur ce bain, en y mettant de l'azur s'il en faut. Lorſqu'elles ſont au point convenable, on les lave bien à la riviere, ce qui leur rend la fermeté qu'elles perdent dans l'eau de ſavon ; enſuite on les tord & on les ſoufre.

Il faut obſerver, que cette eſpèce de blanchiſſage de la ſoie crue, ne s'emploie que pour des ſoies de pays de qualité inférieure ; car les belles ſoies de Nanquin, qui ſont naturellement d'un très-beau blanc, n'ont aucun beſoin de cette opération.

De l'Alunage.

L'ALUNAGE doit être regardé comme une des opérations générales de la teinture, parce que l'alun eſt un *mordant* ſans lequel la plûpart des couleurs ne pourroient s'appliquer ſur les matieres à teindre, ou du moins n'auroient ni beauté, ni ſolidité ; ce ſel réunit deux propriétés admirables, & de la plus grande importance pour l'Art de la teinture ; il rehauſſe l'éclat d'une infinité de couleurs, & les fixe ſur les matieres teintes d'une maniere ſolide & durable.

On emploie l'alun dans la teinture de la laine, du coton, du fil & de la ſoie ; mais les manipulations pour l'appliquer, ſont différentes : voici celle dont on ſe ſert pour la ſoie, qui eſt l'objet de ce Traité.

Dans une tonne ou bacquet d'environ quarante ou cinquante ſeaux, voyez B, *Planche IV*, on met quarante ou cinquante livres d'alun de Rome, qu'on a fait diſſoudre d'abord dans une chaudiere pleine d'eau ſuffiſamment chaude ; il faut avoir attention, en verſant la diſſolution d'alun dans la tonne, de bien remuer & braſſer, parce que la fraîcheur de l'eau pourroit le faire *cryſtalliſer* ou *congeler*, comme diſent les Teinturiers ; & alors la ſoie qu'on mettroit dedans, ſeroit toute enduite de petits cryſtaux d'alun, ce que les Teinturiers appellent *ſe glacer*. Lorſque cet inconvénient arrive, on paſſe la ſoie ſur un peu d'eau tiede, qui enleve promptement tous ces cryſtaux, & l'on peut remettre cette eau dans la tonne à l'alun.

Après avoir lavé les ſoies de ſavon, en leur donnant une batture, & même pour le mieux, après les avoir *écoulées* ſur la cheville, pour ôter le plus gros du ſavon qui reſte encore, on les paſſe dans des cordes, comme quand on les fait cuire. On plonge dans l'alun toutes les cordées les unes ſur les autres, en obſervant que les mateaux ne ſoient point trop roulés ſur eux-mêmes, ou *voltés* comme

comme disent les Teinturiers ; que les cordées soient à l'aise, de maniere qu'elles soient toutes bien submergées : on les laisse dans cet état pendant huit à neuf heures , ordinairement depuis le soir jusqu'au lendemain matin. Après quoi, on les leve, on les tord à la main sur la tonne, on les porte à la riviere pour les laver, ce que l'on nomme *raffraîchir*, & on les bat lorsqu'il est nécessaire, comme on le dira en son lieu.

Dans quelques Manufactures, au lieu de mettre les soies en corde pour les faire aluner, on les passe sur des bâtons, en mettant trois ou quatre mateaux sur chaque bâton, & on leur donne trois ou quatre lises ; ensuite on les fait submerger entiérement dans le bain, en y plongeant tous les bâtons par le bout qui est chargé des soies, & l'autre bout demeurant appuyé sur le bord de la barque : ce que les Teinturiers appellent *mettre en soude*. Ils désignent en général, par cette expression, la submersion & le séjour de la soie dans une liqueur quelconque.

Pour éviter que les soies ne s'échappent de dessus les bâtons & ne se mêlent, on a soin d'avoir une perche, qui est juste, de la longueur de la barque, & sur laquelle on appuie la tête de tous les autres bâtons, ensorte que cette perche empêche les soies de pouvoir couler. On peut faire la même chose, par le moyen d'une corde qu'on attache à la tête du premier & du dernier bâton, & qui passant sous la tête de tous les autres, fait le même effet que la perche.

Le bain d'alun étant formé, comme on a dit, on y peut passer jusqu'à cent cinquante livres de soie, sans qu'il soit nécessaire d'y ajouter de nouvel alun, ou de le *recruter* pour se servir du terme de l'Art.

Mais quand on s'apperçoit que ce bain commence à s'affoiblir, ce que l'on connoît aisément avec un peu d'usage en en mettant un peu sur la langue, parce qu'alors il fait une impression moins vive, on fait dissoudre vingt ou vingt-cinq livres d'alun que l'on met dans le bain, avec les mêmes précautions que ci-dessus, & l'on continue ainsi à refournir de nouvel alun à proportion des soies qu'on a alunées, jusqu'à ce que le bain commence à prendre une mauvaise odeur, ce qui lui arrive plutôt ou plus tard, suivant la plus ou moins grande quantité de soie qu'on a passées dessus.

Quand le bain commence à s'empuantir de la sorte, on acheve de le tirer en y passant les soies destinées aux couleurs basses, comme sont les bruns, les marons, &c, & ensuite on le jette ; on rince la barque, & on forme un nouveau bain.

Remarques sur l'Alunage.

QUAND une barque a servi pendant un certain tems à faire l'alunage, il se fait tout autour une incrustation qui va quelquefois jusqu'à l'épaisseur d'un écu de six francs, sur les côtés, plutôt que sur le fond, parce que, comme il arrive souvent que les soies touchent le fond de la barque, elles le balaient en quelque sorte, & empêchent cette croute de s'y former.

Les Teinturiers n'ôtent point cette incrustation, parce qu'ils n'ont point remarqué qu'elle eût aucun mauvais effet; au contraire, elle sert à mieux retenir le bain & à empêcher le vaisseau de fuir. Ce dépôt vient de ce que les soies qu'on met dans la dissolution d'alun, ne sont point ordinairement débarrassées de tout le savon de leur cuite; ce reste du savon & une partie de l'alun se décomposent mutuellement; il se forme de l'union de l'acide de l'alun avec l'alkali du savon du tartre vitriolé, & de la terre de l'alun avec l'huile du savon, une matiere épaisse; le tout ensemble fait la matiere de l'incrustation dont il s'agit.

Il paroît que c'est aussi à la portion de savon qui reste ordinairement dans la soie, lorsqu'on la met dans le bain d'alun, qu'on doit attribuer la mauvaise odeur que contracte ce bain après avoir servi pendant un certain tems.

On fait toujours aluner les soies à froid, parce qu'on a remarqué que lorsqu'on les fait aluner dans un bain chaud, elles sont sujettes à perdre une partie de leur lustre.

L'expérience a appris qu'il est toujours beaucoup plus avantageux de faire aluner les soies dans un bain bien fort d'alun, que dans un bain un peu foible, parce que l'alunage étant fort, on est toujours sûr de tirer beaucoup mieux la teinture, au lieu que lorsqu'il est foible, la teinture se tire difficilement, & *se mal unit*.

Du Bleu.

Le bleu se fait sur la soie avec l'indigo, comme sur toutes les autres matieres susceptibles d'être teintes; mais cette drogue est d'une nature particuliere : la matiere colorante de l'indigo est résineuse; elle ne communique aucune couleur à l'eau, dans laquelle elle est indissoluble; il faut nécessairement la diviser ou la dissoudre par des matieres salines, & par une sorte de fermentation : ce qui exige des opérations particulieres à cette espece de teinture, & demande singuliérement des vaisseaux d'une structure convenable; ces vaisseaux se nomment *cuves;* on va les décrire, ainsi que la maniere de préparer l'indigo, & celle d'y teindre la soie.

Le vaisseau dans lequel on fait le bleu est ordinairement de cuivre; il a la figure d'un cône tronqué & arrondi en pain de sucre renversé, *Planche IV. Fig.* 1 & 2. La partie inférieure ou le fond C, a environ un pied de diametre, & l'ouverture ou la partie supérieure en a environ deux; la hauteur est de quatre pieds, à quatre pieds & demi. La partie inférieure est scellée en terre, & y est enfoncée d'environ un pied & demi au-dessous du niveau de la terre, comme on le voit en D, *Fig.* 1. Cette cuve est environnée d'un âtre pavé E, *Fig.* 2; ce qui est hors de terre, est entouré d'une maçonnerie F, *Fig.* 1 & 2, qui est perpendiculaire au sol, & qui ne joint pas la cuve; ensorte qu'il reste autour du vaisseau un espace G, *Fig.* 2. qui est plus grand dans la partie inférieure que dans la supérieure. La maçonnerie ne s'applique à la cuve que par le haut; elle s'y joint par cette partie supérieure en formant autour d'elle un rebord H, *Fig.* 1, de six à huit pouces.

On pratique à cette maçonnerie deux ouvertures, une au niveau de la terre; la premiere I, *Fig.* 1, a environ un pied de haut sur six ou sept pouces de large; c'est par cette ouverture qu'on met la braise.

La seconde ouverture est formée par un tuyau de grais ou de plâtre, c'est une espece de cheminée, que l'on nomme *ventouse* L, *Fig.* 1 & 2; elle est destinée à entretenir le feu par le courant d'air; ce tuyau doit s'élever environ à dix-huit pouces au-dessus de la cuve, pour empêcher que celui qui travaille ne soit incommodé par la fumée ou par les exhalaisons de la braise qu'on met dans l'âtre autour de la cuve; telle est la construction du vaisseau destiné au bleu, & de son fourneau : voici présentement comment on prépare l'indigo.

On commence par faire ce qu'on nomme *le brevet*, de la maniere suivante.

Pour huit livres d'indigo, on prend six livres de cendres gravelées la plus belle; trois à quatre onces de garance par livre de cendres; (& huit livres de son qu'on lave d'abord dans plusieurs eaux, pour enlever sa farine : lorsque le son est lavé, on le presse pour lui ôter la plus grande partie de son eau, & on le met seul au fond de la cuve).

On met la cendre gravelée, & la garance seulement écrasée bouillir ensemble pendant environ un quart d'heure dans une chaudiere qui tient à peu-près les deux tiers de la cuve; & on laisse après cela reposer le brevet, en fermant les portes du fourneau.

Deux ou trois jours auparavant, on a mis tremper huit livres d'indigo dans environ un seau d'eau chaude, dans laquelle on a soin de le bien laver, en changeant même l'eau. Cette eau prend une teinte rousse. Quelques Teinturiers commencent par faire bouillir l'indigo dans une lessive d'une livre de cendre gravelée sur deux seaux d'eau. Après quoi, on le pile tout mouillé dans un mortier A, *Planche VI*, *Fig.* 2. Quand il commence à être en pâte, on verse dessus plein le mortier du brevet qu'on vient de faire bouillir, & qui est encore chaud, avec lequel on le broie pendant un certain tems; après quoi on laisse reposer le tout pendant quelques momens, & on enleve le clair, qu'on met à part dans un chaudron, ou qu'on verse dans la cuve. On reverse ensuite une égale quantité du brevet sur l'indigo qui est resté au fond du mortier; on recommence à bien broyer, & on enleve le clair qu'on met dans le chaudron, comme la premiere fois; on réitere cette manœuvre jusqu'à ce que tout l'indigo ait passé ainsi avec la plus grande partie du brevet.

On le verse par chaudronnée à mesure sur le son qui est au fond de la cuve; & quand le tout y est, on jette dessus ce qui reste du brevet avec son marc. On remue ou *pallie* le tout avec un bâton qu'on appelle *rable*, & on laisse sans feu jusqu'à ce que le degré de chaleur soit devenu assez modéré pour pouvoir tenir la main dans le bain; alors on met un peu de feu autour de la cuve pour entretenir ce même degré de chaleur; il faut le continuer jusqu'à ce qu'on s'apperçoive que la liqueur commence à devenir verte, ce que l'on reconnoît à l'aide d'un peu de soie blanche qu'on y trempe.

Quand elle est en cet état, cela indique que la cuve *revient*, c'est-à-dire, que l'opération va bien; on donne alors un coup de rable pour l'avancer, & pour voir si elle se détermine *à venir*, & on la laisse reposer jusqu'à ce que l'on apperçoive une crême ou pellicule brune & cuivrée qui monte à la surface, & qui indique que la cuve est revenue.

Pour être certain que la cuve est bien revenue, il faut observer si elle est bien *croutée*, & voir si en soufflant dessus il se reforme sur le champ une crême à la place de celle que l'on vient d'écarter: si la liqueur donne ces signes, on la laisse reposer pendant trois ou quatre heures, après quoi on refait un nouveau brevet pour *l'accomplir*; & pour cela on met dans une chaudiere la quantité d'eau nécessaire pour achever de remplir la cuve, & on y fait bouillir deux livres de cendres & quatre onces de garance, comme la premiere fois: on verse ce nouveau brevet dans la cuve; on pallie le bain, & on le laisse reposer pendant quatre heures: alors la cuve est en état de teindre.

Les soies destinées à être teintes en bleu, doivent avoir été cuites à raison de trente-cinq à quarante livres de savon pour cent, comme il a été dit à l'article de la Cuite, & ne doivent point être imprégnées d'alun, parce que la partie colorante de l'indigo, & en général celle de toutes les matieres résineuses n'ont aucun besoin de mordant pour s'appliquer sur les matieres à teindre.

Lorsqu'on veut teindre la soie dans la cuve, on la lave bien de son savon, & pour la bien dégorger on lui donne deux battures à la riviere; on la partage par *mateaux* propres à être bien & commodément tords. On prend un de ces *mateaux*; on le passe sur un rouleau de bois de quatorze pouces de long, sur un pouce & demi de diametre, lequel se nomme *la passe*. Voyez sa forme en E, *Planche II, Fig.* 2. On le plonge dans la cuve, & on lui donne quelques tours pour l'unir & lui faire prendre la nuance qu'on veut lui donner. Voyez cette manœuvre en D, *Planche II, Fig.* 1. On le tord à la main sur la cuve, le plus fort qu'il est possible, pour

pour ne point perdre du bain, on l'évente ou *escrêpe* dans les mains pour le déverdir, & aussi-tôt on le lave dans deux eaux différentes qu'on a eu soin de tenir toutes prêtes dans des barques à portée de celui qui travaille : aussi-tôt qu'il est lavé, on le tord sur l'espart à la pointe du chevillon, pour le tordre aussi fort qu'il est possible. Voyez cette torse en E, *Planche II*, *Fig.* 1. & on l'essuie à mesure avec un autre mateau assez égouté pour pouvoir s'imbiber de l'eau qui sort par la torse ; on donne ainsi quatre coups de torse le plus promptement qu'il est possible : après qu'il est tors, on le retord encore une douzaine de fois au milieu du chevillon, pour distribuer par-tout également dans la soie le peu d'eau qui reste par places après les quatre coups de torse ; cela s'appelle *esgaliver*.

Quand il est tors & *esgali*, on l'étend sur la perche pour le faire sécher le plus vîte qu'il est possible ; & si les mateaux étoient trop gros, il faudroit avoir attention de casser le fil dont ils sont noués, pour pouvoir étendre la soie & empêcher qu'elle ne rougisse sous le fil, comme cela lui arriveroit si elle étoit serrée : on traite de même successivement tous les *mateaux* que l'on a à teindre.

Remarques sur le Bleu d'Indigo.

Les Teinturiers en soie n'ont point ordinairement d'autre cuve que celle qui a été décrite ci-dessus ; cependant ils pourroient en employer une autre qui seroit utile pour les verds. Cette cuve se fait comme la précédente, à l'exception qu'on y met une demi-livre de garance pour chaque livre de cendre gravelée. Elle est beaucoup plus verte que la premiere, & la couleur qu'elle donne est plus assurée sur la soie, sans avoir un œil moins avantageux que celui de la cuve ordinaire. Lorsque le bain de cette cuve est épuisé de couleur, il devient d'un roux à peu-près couleur de bierre, au lieu que le bain de la précédente devient noirâtre.

A l'égard des autres cuves, c'est-à-dire, de celles qui se font avec l'urine, soit à froid, soit à chaud, & de celle qui se fait à froid avec de la couperose sans urine, les Teinturiers en soie ne sont point dans l'usage de s'en servir, non plus que de celle de Pastel, parce que toutes ces sortes de cuves sont trop lentes, c'est-à-dire, qu'elles ne teignent point la soie assez promptement, & que d'ailleurs quelques-unes d'entre elles donnent trop de dureté à la soie.

Le vaisseau dont on se sert pour la cuve d'indigo, est ordinairement de cuivre, comme on l'a dit ; mais on pourroit le faire de bois, en se servant pour cela de douves d'environ un pouce d'épaisseur, & d'une hauteur convenable, & cerclées de fer. Mais il seroit essentiel que le fond de la cuve ne fût point de bois, parce qu'il seroit sujet à se tourmenter par la chaleur, & à se pourrir par l'humidité de la terre. Ainsi, au lieu du fond de bois, il faut lui faire ce qu'on appelle un *fromage* ; c'est un mortier de chaux & de ciment que l'on jette dans le fond de la cuve, & qui pose sur la terre, & on emplit cette cuve jusqu'à la hauteur d'environ six pouces: pendant que le mortier est frais, on l'unit avec une truelle, & à mesure qu'il séche on a soin de boucher par le moyen de la truelle les ouvertures & les gerçures qui s'y forment; ce mortier se fait ordinairement sans autre eau que celle que l'on a été obligé de mettre pour éteindre la chaux; ce qui le rend beaucoup plus difficile à faire, mais en même tems beaucoup plus dur & plus solide.

On ne peut commencer à faire la cuve de bleu, que lorsque ce mortier est absolument sec. Pour pouvoir sécher cette cuve, on y pratique sur le côté à niveau de la terre une ouverture d'environ huit à dix pouces, & on applique sur cette ouverture une plaque de cuivre que l'on a soin d'enfoncer dans la terre de trois ou quatre pouces, & on la cloue assez exactement pour que la liqueur du bain ne puisse pénétrer au-dehors. C'est vis-à-vis de cette plaque qu'on pratique l'âtre ou foyer en maçonnerie avec un tuyau ou cheminée, comme pour la cuve de cuivre. Au reste, il seroit peut-être à craindre, que cette cuve ne fût sujette à se désunir & à s'ouvrir par l'effet de la cendre gravelée; car on a remarqué que cela arrive aux seaux de bois dans lesquels on met de cette cendre; ainsi il vaut toujours mieux se servir de cuves de cuivre.

L'indigo dont se servent communément les Teinturiers en soie, est celui qu'on appelle *indigo cuivré*, à cause d'une couleur de cuivre rouge qu'on remarque à sa surface, & même dans son intérieur; cependant ils pourroient se servir & même avec plus d'avantage de plusieurs autres especes d'indigo qui lui sont supérieurs, tels que sont ceux que l'on nomme *indigo bleu*, qui est plus léger, plus fin, & d'un bleu plus franc que l'indigo cuivré; *l'indigo de* Cadix ou de *Guatimala*, qui est le plus beau & le meilleur de tous; mais le prix de ces autres especes d'indigo, & singuliérement celui du dernier, empêche qu'on ne s'en serve.

On emploie ordinairement la garance dans la cuve, parce qu'on a remarqué qu'elle donne au bleu un œil plus agréable, & qui tire moins sur la couleur d'empois.

Les Teinturiers en soie sont tous dans l'usage de laver le son qu'ils mettent dans leur cuve pour lui enlever la farine qui rendroit le bain trop glutineux; le son d'ailleurs est très-utile pour faire verdir & travailler l'indigo; & même on a observé que la cuve se fait mieux en mettant une plus grande quantité de son, c'est ce qui fait qu'on en a prescrit dans le procédé une plus forte dose que celle que la plupart des Teinturiers mettent ordinairement.

Lorsque la cuve est posée, on la pallie d'abord comme nous l'avons dit, & ensuite il faut la laisser en repos sans la pallier davantage, si ce n'est lorsqu'elle commence à être verte; parce qu'on a remarqué qu'en la palliant dans le tems de l'espece de fermentation qui s'y excite, cela ne fait que retarder.

La soie que l'on teint en bleu de cuve est très-sujette à prendre une couleur mal unie, & cela arrive même à coup sûr, quand elle n'est pas lavée & séchée très-rapidement aussi-tôt après qu'elle a été teinte ; c'est-là ce qui est cause qu'on est obligé de passer la soie sur cuve par petites parties, de la laver aussi-tôt à mesure qu'elle s'est teinte, de la tordre à sec, & de la mettre sécher sur le champ en l'étendant bien. On choisit toujours par cette raison un tems beau & sec pour faire ces opérations. Si par malheur il tomboit de l'eau dessus lorsqu'elle séche, elle seroit toute tachée, & deviendroit rougeâtre dans les endroits qui auroient été mouillés. Pendant l'hiver & dans les tems humides, on la fait sécher dans une chambre échauffée par un poële, en branlant continuellement les perches sur lesquelles elle est étendue. Voyez *Planche V. Fig.* 1.

On a pour cela une branloire qui est une espece de chassis A, *Planche V. Fig.* 1 & 2, formé en carré-long par des perches dont deux ont dix ou douze pieds, & les deux autres six à sept pieds, soutenus en l'air & au plancher par des crampons de fer mobiles B, *Fig.* 1 & 2. de maniere que ce chassis puisse prendre le mouvement d'une balançoire. L'un des deux côtés longs C, *Fig.* 2, est garni de fiches de fer D, de trois pouces de haut, placées à quatre à cinq pouces de distance; l'autre côté long E, a vis-à-vis de chaque fiche une fourchette F.

Quand on veut mettre sécher la soie, on prend des perches G, *Fig.* 2, de la largeur de la branloire, dont un bout est percé d'un trou qui entre dans la fiche, & l'autre bout pose dans la fourchette ; ce qui empêche les perches de tomber lorsqu'on remue la branloire. On ajoute sur ce chassis plusieurs autres perches qui y sont assujéties à un de leurs bouts par une cheville, & à l'autre par une fourchette, comme on le voit en H, *Fig.* 2. A mesure que les mateaux sont tors, on les porte & on les étend sur l'une de ces perches de traverse, & on agite continuellement la branloire jusqu'à ce que toute la partie de soie qui vient d'être teinte soit ainsi successivement arrangée & séchée.

Pour faire les différentes nuances de bleu, on passe d'abord sur la cuve neuve les nuances qui doivent être les plus pleines, & on les teint sur cette cuve en les tenant un peu plus longtems, à mesure que la cuve s'affoiblit, jusqu'à ce qu'elle commence à être assez épuisée pour que la nuance que prend la soie après y avoir séjourné pendant deux ou trois minutes au plus, commence à paroître moins forte. Quand la cuve est ainsi affoiblie, on s'en sert pour y passer les soies qui doivent avoir une nuance inférieure, & ainsi de suite jusqu'aux nuances les plus claires.

Mais il faut observer que quand on teint de suite une grande quantité de soie sur la même cuve, il arrive ordinairement qu'après avoir teint une certaine quantité de soie, la cuve se *lasse*, c'est-à-dire, qu'elle commence à perdre de son verd, & à donner une couleur moins belle. Il est à propos pour lors de lui donner un nouveau brevet, qui est une chaudronnée de décoction d'une livre de cendres, deux onces de garance & une poignée de son lavé, qu'on fait bouillir ensemble pendant un demi-quart d'heure dans de l'eau ou dans une portion du bain même de la cuve, si la cuve est encore assez pleine pour cela ; on pallie la cuve après avoir ajouté le brevet, & il faut la laisser reposer tout au moins pendant deux ou trois heures avant de recommencer à y teindre.

Pour faire de beaux bleus, il est à propos d'avoir une cuve neuve, ainsi quand on n'a que des bleus clairs à faire, il conviendroit de n'employer pour cette cuve qu'une petite quantité d'indigo, plutôt que de se servir d'une cuve qui auroit été faite avec une plus grande quantité d'indigo, mais qui se seroit affoiblie à force de teindre. Les bleus clairs faits sur cette cuve neuve & foible, sont toujours plus vifs que ceux qui se font sur une cuve qui a servi d'abord à faire du bleu foncé. Mais les Teinturiers ne peuvent gueres avoir cette attention, parce que, comme les bleus ne se paient qu'un prix très-modique, ils n'y trouveroient pas leur compte.

La cuve de bleu, dans un vaisseau de la grandeur de celui que nous avons décrit, peut se poser depuis une livre d'indigo jusqu'à huit. On pourroit cependant excéder cette quantité de quelques livres sans aucun inconvénient.

Les Teinturiers en soie ne distinguent que cinq sortes de bleu : sçavoir *le bleu pâle* ou *bleu de porcelaine*, *le bleu céleste*, *le bleu moyen*, *le bleu de Roi*, & le *bleu Turc*, ou *bleu complet*. Tous ces bleus ont leurs nuances intermédiaires qu'on peut tirer en tel nombre que l'on veut, en y donnant l'attention nécessaire ; mais ces nuances n'ont point de noms particuliers.

Les bleus foncés ne peuvent se faire sur la cuve seule, parce que l'indigo ne donne jamais sur la soie assez de plénitude pour ces nuances. Ainsi, pour avoir ces bleus, il faut leur donner une premiere couleur avec de l'orseille, (ce qui s'appelle en général donner un *pied*) avant de les passer en cuve. Pour le bleu Turc qui est le plus plein de tous, on donne d'abord un très-fort bain d'orseille préparée comme nous le dirons dans la suite ; on donne aussi ce pied, mais moins fort pour le bleu de Roi, & l'on passe ces bleus sur une cuve neuve & bien garnie.

Pour donner le bain d'orseille, on bat la soie à la riviere au sortir de la cuite ; ensuite on l'écoule sur l'espart pour ôter la plus grande quantité d'eau ; après quoi on la met sur le bain d'orseille bien chaud, on lise jusqu'à ce que la couleur soit bien unie, puis on la lave en lui donnant une batture ; on la dresse, & on la passe en cuve.

A l'égard des autres bleus, ils se font sans aucun pied, & il faut avoir soin, avant

avant de les paſſer en cuve, de bien dégorger la ſoie du ſavon de la cuite, en lui donnant deux battures, parce que le ſavon fait dans la cuve un dépôt blanc, & lui fait même perdre ſa couleur s'il ſe trouve en certaine quantité.

On fait encore un bleu auſſi foncé que le bleu de Roi; mais pour le pied duquel on ſe ſert de cochenille, au lieu d'orſeille, pour lui donner plus de ſolidité, ce qui le fait auſſi nommer *bleu fin*. Comme il faut employer un procédé particulier pour teindre en cochenille, nous renvoyons cette couleur à l'Article *Violet fin*.

Le bleu de Roi pour imiter celui des draps, ſe fait de la maniere ſuivante.

On délaye avec de l'eau froide dans un mortier ou dans un *caſſin*, & par le moyen d'un pilon, environ une once de verd-de-gris pour chaque livre de ſoie; on braſſe bien le tout enſemble, & on liſe les ſoies ſur ce bain à l'ordinaire par *mateaux* de cinq ou ſix onces: la ſoie prend dans ce bain une petite nuance de verd-de-gris ſi légère, que même elle ne paroît plus lorſque la ſoie eſt ſéche.

Quand la ſoie a ſuffiſamment tiré ſon verd-de-gris, on la tord, on la met ſur les bâtons, & on la liſe à froid ſur un bain de bois d'Inde plus ou moins fort de couleur, ſuivant la nuance qu'on veut donner; la ſoie prend dans ce bain une couleur bleue qui aſſortit au bleu de Roi en drap: mais cette couleur eſt fort mauvaiſe; elle ſe paſſe très-promptement, & tombe dans le gris-de-fer. Pour remédier à cet inconvénient & la rendre plus ſolide, on doit la tenir plus claire en bois d'Inde que l'échantillon qu'on a à aſſortir; lui donner un peu d'orſeille à chaud, ce qui le rougit & fait monter la *bruniture*. Enſuite on la paſſe ſur la cuve; la couleur pour lors eſt beaucoup plus ſolide.

A l'égard des ſoies qu'on veut teindre en bleu ſur crud, c'eſt-à-dire, ſans qu'elles aient été cuites, il faut avoir attention de choiſir celles qui ſont naturellement bien blanches; on en forme des mateaux, on les trempe dans de l'eau, & on leur donne deux battures pour faire mieux pénétrer l'eau: lorſqu'elles ſont trempées, on les dreſſe, & on en fait des mateaux que l'on paſſe en cuve comme les ſoies cuites, & qu'on fait ſécher de même.

Comme toutes les ſoies crues prennent en général la teinture avec beaucoup plus de facilité & d'activité que les ſoies cuites, on a ſoin de paſſer, autant qu'il eſt poſſible, les ſoies cuites avant les crues, parce que les premieres ont beſoin de toute la force de la cuve, & montent en couleur moins facilement. Si le bleu qu'on fait ſur crud eſt une nuance qui ait beſoin d'orſeille ou des autres ingrédients dont nous avons parlé ci-deſſus, on les donne comme aux ſoies cuites.

Du Jaune.

Les ſoies deſtinées à être miſes en jaune ſe cuiſent à raiſon de vingt livres de ſavon pour chaque cent peſant de ſoie.

Après la cuite, on les lave, on les met en alun, & après les avoir relavées, (ce qui s'appelle *raffraîchir*,) & dressées, on les met en bâtons par mateaux d'environ sept à huit onces, & on les passe en lisant sur le bain destiné à leur donner le jaune.

Pour faire le jaune franc, que les Teinturiers en soie appellent *jaune de graine*, ils n'emploient point ordinairement d'autre ingrédient que la gaude.

On met dans une chaudiere environ deux livres de gaude pour chaque livre de soie, & pour que toutes les bottes de gaude trempent bien dans l'eau, on a soin de les charger de gros morceaux de bois; lorsque cette gaude a bouilli pendant environ un gros quart-d'heure, on repousse les bottes dans un des bouts de la chaudiere, ou même, si l'on veut, on les retire, & par le moyen d'un seau ou d'un *cassin*, on retire tout le bain, & on le *coule* dans une barque de cuivre ou de bois, telles que les barques de cuivre B ou C, ou celle de bois D, *Planche III*, *Fig.* 2. c'est-à-dire, qu'on le verse à travers d'un tamis ou d'une toile pour le débarrasser de la graine & des petites pailles que la gaude laisse aller en bouillant. Lorsque ce bain est ainsi coulé, on le laisse refroidir assez pour pouvoir y tenir la main; alors on met les soies dessus, & on les lise jusqu'à ce qu'elles soient unies. Voyez la maniere de liser les soies sur une barque en C, *Planche II. Fig.* 1. Si le *bouillon* de gaude ne se trouvoit pas suffisant pour remplir la barque, on y suppléroit avec de l'eau qu'il faut mettre avant de laisser refroidir le bain; ensorte qu'il se trouve toujours au degré de chaleur que nous venons de marquer: en général, toutes les barques ou chaudieres dans lesquelles on teint doivent être pleines, la soie y étant jusqu'à environ deux pouces de leur bord.

Pendant qu'on fait cette opération, on fait bouillir la gaude une seconde fois dans de nouvelle eau; & quand elle a bouilli, on leve à un des bouts de la barque les soies sur un *baillard*, ou sur la tête de la barque. Alors on jette environ la moitié du bain, & l'on *reponchonne*, c'est-à-dire, qu'on remet du second bouillon du nouveau bain de gaude, autant qu'on en a ôté du premier, & on observe de brasser le bain pour bien mêler le tout: c'est ce qu'il faut faire, en général, toutes les fois qu'on est dans le cas de rajouter quelque chose dans le bain, à moins que le contraire ne soit spécifié. Ce nouveau bain peut être employé un peu plus chaud que le premier; mais cependant il faut toujours que la chaleur soit assez modérée, parce qu'autrement on détruiroit une partie de la couleur que la soie a déja prise; ce qui vient vraisemblablement de ce que les soies se désalunent par la trop grande chaleur du bain. On lise sur ce nouveau bain comme la premiere fois, & pendant ce tems-là on fait fondre de la cendre gravelée à raison d'une livre environ pour vingt livres de soie.

On met pour cela la cendre dans un chaudron; on coule dessus du second bain de gaude tout bouillant, & l'on remue la cendre pour aider à en dissoudre tout le sel. On laisse reposer ce petit bain, & lorsqu'il est clair, on releve une ſeconde fois les ſoies ſur le baillard ou ſur la tête de la barque, & l'on jette dans le bain environ deux ou trois caſſins du plus clair de ce bain de cendre. On braſſe bien le bain; on y replonge les ſoies, & on les liſe de nouveau.

L'effet de cet alkali eſt de développer le jaune de la gaude, & de le dorer.

Au bout de ſept à huit liſes, on donne un coup de cheville à un des *mateaux*, c'eſt-à-dire, que l'on tord ce mateau ſur la cheville, pour voir ſi la couleur eſt aſſez pleine & aſſez dorée. Si elle ne l'eſt pas aſſez, on rajoute encore un peu du bain de cendre, & l'on fait tout le reſte comme ci-deſſus, juſqu'à ce que la ſoie ſoit parvenue à la nuance qu'on veut lui donner.

La leſſive de cendres faite à part, ainſi que nous avons dit, peut ſe mettre, ſi l'on veut, dans le tems qu'on ajoute dans ce bain le ſecond bouillon de gaude; mais il faut avoir attention que le bain ne ſoit point trop chaud pour reponchonner. Cette opération n'eſt bonne que pour les jaunes, & ce bain ne peut ſervir pour le verd.

Si l'on veut faire des jaunes plus dorés & tirant ſur le jonquille, il faut en même tems que l'on met la cendre dans le bain, y ajouter auſſi du *rocou* à proportion de la nuance que l'on veut avoir.

Nous donnerons ci-après, quand nous parlerons de l'orangé, la méthode de préparer le rocou.

Les petites nuances de jaune, comme citron pâle, ou couleur de ſerin, doivent être cuites comme les bleus, parce que ces nuances ſont d'autant plus belles & plus tranſparentes, qu'elles ſont miſes ſur un fond plus blanc. *Voyez l'Article du Bleu pour la Cuite.*

Pour les faire, lorſque la gaude paroît prête à bouillir, on prend quelques caſſins de ce bain, & on en met un peu ſur de l'eau claire avec un peu du bain de la cuve ſi les ſoies ont été cuites ſans azur. On paſſe les ſoies ſur ce bain en liſant comme à l'ordinaire, & ſi l'on apperçoit que la nuance ne ſoit point aſſez foncée; on redonne de la gaude, & de la cuve auſſi, s'il eſt néceſſaire, juſqu'à la nuance que l'on deſire.

Pour les nuances de citron plus foncées, il faut faire bouillir la gaude comme pour les jaunes, & n'en mettre qu'une certaine quantité ſur de l'eau claire, ſuivant la plénitude que l'on veut avoir. On y met auſſi du bain de la cuve, ſi la nuance le demande. Mais ces citrons foncés peuvent ſe cuire en cuite ordinaire, comme les jaunes. Il faut remarquer qu'on n'ajoute du bleu de cuve dans ces couleurs que quand on veut que la couleur ait un œil tirant ſur le verd.

Ces nuances de jaunes très-claires ont leur difficulté: elles ſont ſujettes à prendre très-ſouvent trop de plénitude, même en ſéchant; cela arrive quand elles ſont alunées à l'ordinaire, attendu qu'elles ont alors trop d'alun. Pour éviter cet inconvénient, on peut, au lieu de les aluner comme les autres, leur faire à part un petit alunage qu'on rend alors auſſi léger qu'on le juge à propos, &

sur lequel on les lise, ou bien sans les aluner en particulier, on met seulement un peu d'alun dans le bain même de gaude.

Remarques sur le Jaune.

Dans les Manufactures où l'on ne peut pas avoir la gaude commodément, on se sert de graine d'Avignon qui s'emploie précisément de même. Mais elle a l'inconvénient de donner une couleur moins solide.

Il y a deux sortes de gaudes; la gaude bâtarde ou sauvage, est celle qui vient naturellement dans les campagnes : elle est plus haute que l'autre, & le brin en est beaucoup plus gros.

La gaude cultivée, au contraire, pousse des tiges moins hautes & moins grosses, & elle est d'autant plus estimée que les tiges en sont plus fines. Les Teinturiers donnent toujours la préférence à cette gaude, parce qu'elle fournit beaucoup plus de teinture que la bâtarde, & ils ont soin de la choisir bien mûre & bien jaune.

Celle qu'on nous apporte quelquefois d'Espagne, est très-bonne. Les Teinturiers de Paris se servent de celle qui vient dans les environs de Pontoise, de Chantilly & autres endroits, où on la seme dans le mois de Mars, pour en faire la récolte au mois de Juin de l'année suivante. Ainsi, cette plante passe l'hiver dans la terre. Les terreins sableux sont les plus propres à cette sorte de Plante.

Lorsque la gaude est mûre, on l'arrache, on la laisse sécher, & on la met en bottes; les Teinturiers font bouillir cette botte toute entiere, parce que toutes les parties de cette plante donnent de la teinture.

Pour teindre le jaune sur crud, on prend des soies naturellement blanches; mais il n'est cependant pas nécessaire qu'elles soient de la plus grande blancheur, comme pour les bleus.

Après les avoir trempées, comme nous l'avons expliqué en parlant du bleu, on les met aluner, & on les teint, comme cela a été dit. Le jaune de gaude est une couleur solide & de bon teint.

De l'aurore, orangé, mordoré, couleur d'or & de chamois.

L'ingrédient, dont on tire ces différentes couleurs dans la teinture en soie, est le *rocou*. Cette plante est de la nature de celles dont la partie colorante réside dans une substance résineuse; elle doit, à cause de cela, être dissoute par un sel alkali, comme on le dira bien-tôt; & la soie qu'on y veut teindre, n'a aucun besoin d'être imprégnée d'alun, parce qu'en général ce mordant n'est nécessaire, que pour faire tirer & assurer les couleurs extractives naturellement dissolubles

diſſolubles dans l'eau pure, & ne contribue point à produire les mêmes effets pour toutes les couleurs réſineuſes, qu'on ne rend miſcibles avec l'eau, qu'à l'aide des diſſolvants ſalins, & particuliérement des ſels alkalis.

Pour préparer le rocou, on prend une paſſoire de cuivre d'environ huit à dix pouces de profondeur, ſur moitié autant de largeur; cette paſſoire eſt percée dans toute ſon étendue de trous, à peu-près de la grandeur de ceux d'une écumoire à petits trous; elle a deux anſes de fer ou de cuivre : elle eſt repréſentée en F, *Planche II*, *Fig.* 2.

On fait chauffer, dans une chaudiere d'une grandeur convenable, de l'eau de riviere, ou de l'eau de ſource bien douce, & propre à bien diſſoudre le ſavon; & pendant que cette eau chauffe, on coupe le rocou par morceaux; on le met dans la paſſoire dont on vient de parler, laquelle ſe nomme *pot à rocou*; on plonge le tout dans l'eau, & par le moyen d'un pilon de bois G, *Planche II*, *Fig.* 2, on broie le rocou, on le délaie, & on le fait paſſer au travers des trous. Lorſque le rocou entier a paſſé de la ſorte, on met dans cette même paſſoire de la cendre gravelée, & on lui fait ſubir la même opération qu'au rocou. Après cela, on remue le bain avec un bâton, on lui fait jetter un ou deux bouillons; & auſſi-tôt on y verſe de l'eau froide, pour l'empêcher de bouillir plus longtems; enſuite on retire le feu de deſſous la chaudiere.

On peut faire fondre telle quantité de rocou que l'on juge à propos; & pour chaque livre de rocou, on met douze onces ou une livre de cendre gravelée; ſi l'on en mettoit moins, la couleur ne ſeroit point aſſez ſolide, & ſeroit ſujette à tomber dans une couleur de brique ou de tuile, ce qui s'appelle *tuiler*. Au reſte, comme les cendres gravelées ne ſont pas toutes d'une force égale, c'eſt au Teinturier à juger de la quantité qu'il en doit employer, par les effets qu'il voit faire au rocou; l'effet de la cendre eſt de jaunir le rocou en le fondant; elle lui fait perdre ſa couleur de brique, & lui fait prendre une couleur beaucoup plus jaune & plus dorée, & en même-tems rend cette couleur plus ſolide.

Si en employant le rocou, on s'apperçoit qu'il tire encore ſur l'œil briqueté, c'eſt une preuve qu'il n'eſt point aſſez garni de cendre; & pour lors, il eſt à propos de lui en donner de nouvelle, en faiſant jetter un bouillon au bain, & en l'appaiſant enſuite avec de l'eau froide, comme dans la premiere opération : on remue le tout enſemble avec un bâton, & on le laiſſe enſuite repoſer.

Le rocou fondu de la ſorte, ſe garde auſſi long-tems qu'on veut, ſans ſe corrompre, pourvû qu'on ait attention de n'y rien jetter de mal-propre.

Les ſoies deſtinées à être miſes en aurore & orangé, n'ont pas beſoin d'autre cuite que l'ordinaire de vingt pour cent de ſavon. Quand on les a lavées & battues pour les dégorger de ſavon, on les écoule ſur l'eſpart, & on les met en bâtons, par mateaux un peu forts; & pendant qu'on les dispose ainsi, on fait chauffer de l'eau de riviere dans une chaudiere, que l'on n'emplit qu'environ à moitié; ensuite on met, dans cette eau, une portion du rocou qui a été fondu; on fait chauffer le tout jusqu'à un degré de chaleur, tel qu'on ne puisse y tenir la main; mais cependant qu'il ne soit point prêt à bouillir, c'est-à-dire, un bon degré de chaleur, moyen entre l'eau tiede & l'eau bouillante; & après avoir *brassé* le bain, pour bien mêler ensemble l'eau & le rocou, on y lise les soies.

Quand elles sont unies, on retire un des mateaux, on le lave, on lui donne deux battures, & ensuite un coup de torse sur la cheville, pour voir si la couleur est assez pleine; si elle ne l'est pas assez, on rajoute du rocou, on brasse & on lise de nouveau, jusqu'à ce que la couleur soit comme on la desire.

Quand elle est faite, on lave le tout, & l'on donne en même-tems deux battures à la riviere : elles sont absolument nécessaires, pour débarrasser la soie du superflu du rocou. Si l'on n'avoit pas cette attention, les soies teintes en rocou seroient sujettes à barbouiller, & toujours moins belles.

L'aurore sert de pied pour une autre couleur, qu'on appelle *moredoré*. Quand la soie a pris l'aurore, & qu'elle a été lavée, on l'alune à l'ordinaire; on la raffraîchit ensuite à la riviere, & on prépare un bain nouveau d'une bonne chaleur, dans lequel on met de la décoction de bois de fustet, & un peu de celle de bois d'Inde. On lise les soies sur ce bain, & si l'on s'apperçoit que la couleur ait un œil trop rougeâtre, on jette dans le bain une très-petite quantité de dissolution de couperose, qui fait jaunir davantage la couleur. Les premieres nuances de cette couleur, n'ont besoin, pour toute bruniture, que d'un peu de couperose, avec le fustet, pour faire précisément la nuance d'au-dessus de l'aurore.

L'alunage qu'on donne à la soie, par dessus le pied de rocou qu'elle a déja, est nécessaire, pour faire tirer & assurer les teintures de bois de fustet & de bois d'Inde, qu'on emploie pour le moredoré, parce que la teinture de ces bois réside dans leur partie extractive.

Pour teindre l'aurore sur crud, on choisit des soies naturellement blanches, comme pour le jaune; & après les avoir fait tremper, on leur donne un bain de rocou, qu'il faut avoir attention de ne tenir que tiede ou même froid, parce que autrement la cendre gravelée qui se trouve dans ce bain, & par le moyen de laquelle on a fondu le rocou, feroit perdre le crud de la soie, & lui ôteroit la fermeté qui lui est nécessaire pour les ouvrages auxquels on la destine.

Pour l'orangé & le moredoré, on continue l'opération précisément comme pour les soies cuites.

Quand on n'a qu'une petite partie de soie à teindre, on fait fondre à peu-près la quantité de rocou nécessaire ; & lorsque le bain a été raffraîchi par l'eau froide, on le laisse reposer pour que le marc tombe au fond de la chaudiere ; & ensuite on passe les soies sur ce bain.

Tout ce que nous venons de dire regarde les soies, auxquelles on veut donner la nuance d'aurore ; mais pour faire l'orangé, qui est une nuance beaucoup plus rouge que celle d'aurore, il faut après la teinture en rocou, rougir les soies par le vinaigre, par l'alun, ou par le jus de citron. Ces acides, en saturant l'alkali dont on s'est servi pour dissoudre & faire prendre le rocou, détruisent la nuance de jaune que cet alkali lui avoit donnée, & le ramenent à sa couleur naturelle qui tire beaucoup plus sur le rouge.

Le vinaigre ou le jus de citron, suffisent pour donner les nuances d'orangé qui ne sont pas bien foncées ; mais pour les nuances extrêmement foncées, on est dans l'usage à Paris de les passer dans l'alun, qui rougit beaucoup le rocou ; & si la couleur ne se trouve point encore assez rouge, on le passe sur un bain de bois de Brésil léger. A Lyon, les Teinturiers qui font les couleurs de *saffranum*, se servent quelquefois des vieux bains qu'on a employés à ces couleurs, pour y passer dessus les orangés foncés.

Lorsque les orangés ont été rougis par l'alun, il faut les laver à la riviere ; mais il n'est pas nécessaire de battre, à moins que la couleur ne se trouve trop rouge.

Les bains de rocou qui ont servi à faire les aurores, sont encore assez forts pour donner le pied ou la premiere nuance à des couleurs nommées *ratines*, dont on parlera ci-après, pour dorer les jaunes foncés, & pour faire les couleurs d'or & les chamois. Ces nuances se font à la suite des aurores, & n'ont aucune difficulté, parce qu'elles se font avec le rocou seul. Cependant, il y a quelques nuances de chamois qui tirent sur le rougeâtre, & qu'on est obligé, par cette raison, de rougir comme les orangés ; à moins qu'on n'aime mieux préparer le rocou exprès : ce qui se fait ainsi.

On fait fondre le rocou, comme il a été dit ci-dessus ; & ensuite on lui fait jetter un bouillon, sans y mettre de cendre. Lorsque ce bain est reposé, on en prend une partie, qu'on met avec du bain de rocou fondu par la cendre ; & par ce moyen, on a un bain qui est naturellement assez rouge pour faire ces sortes de chamois, sans qu'il soit nécessaire de les rougir après coup ; on peut aussi ne mettre que peu de cendre en fondant le rocou, ce qui reviendra au même : ces chamois ont besoin d'une batture, en les lavant à la riviere.

Le rocou nous est apporté ordinairement en mottes de deux ou trois livres, qui sont enveloppées de feuilles de roseau très-larges. Quelquefois cependant, on en apporte en grosses mottes, qui ne sont point enveloppées comme les précédentes. Les Teinturiers n'en font point de différence ; ils s'attachent seulement à choisir, par préférence, celui qui a une belle chair rouge, & dans lequel on n'apperçoit point de veines noires. Les couleurs que donne le rocou sont assez peu solides : elles changent au bout d'un certain tems, deviennent briquetées & s'affoiblissent beaucoup ; mais difficilement pourroit-on faire les mêmes nuances, avec des ingrédients d'un meilleur teint ; car la garance qu'on emploie avec la gaude, pour faire les aurores & les orangés sur laine, ne prend point sur la soie : d'ailleurs, les couleurs que donne le rocou sont très-belles, & c'est une forte raison pour s'en servir ; car en fait de teinture en soie, on préfere toujours la beauté à la solidité.

Du rouge. Du cramoisi fin.

CETTE couleur se tire de la cochenille, & se nomme *cramoisi fin*, à cause de sa beauté & de sa solidité ; elle réside dans une matiere extractive ; elle est très-dissoluble dans l'eau, & demande, par cette raison, le mordant ordinaire qui est l'alun.

Les soies destinées à être teintes en cramoisi de cochenille, ne doivent être cuites qu'à raison de vingt livres de savon pour cent pesant de soie, sans aucun azur, parce que le petit œil jaune qui reste à la soie quand elle n'est décreusée qu'avec cette quantité de savon, est favorable à cette couleur.

Après avoir lavé & battu les soies à la riviere pour les bien dégorger de savon, on les met dans un alunage qui soit dans toute sa force, on les y laisse ordinairement depuis le soir jusqu'au lendemain matin, ce qui fait environ sept ou huit heures ; au bout de ce tems, on lave les soies, & on leur donne deux battures à la riviere. Pendant ce tems-là, on prépare le bain ainsi qu'il suit.

On remplit une chaudiere longue, d'eau de riviere, environ jusqu'à moitié ou aux deux tiers ; & quand cette eau est bouillante, on y jette de la noix de galle blanche pilée, & on lui fait jetter quelques bouillons : on en peut mettre depuis quatre gros jusqu'à deux onces pour chaque livre de soie. Si la noix de galle étoit pilée bien fine, & passée au tamis, on pourroit la mettre en même tems que la cochenille.

Lorsque les soies sont lavées & battues, on les distribue sur les bâtons par mateaux ; on peut tenir ces mateaux un peu forts, parce que le cramoisi n'est pas sujet à prendre inégalement.

Quand les soies sont ainsi mises sur les bâtons, on jette dans le bain la cochenille qu'on a eu soin de bien piler & tamiser ; on la remue bien avec un bâton, & on lui fait jetter cinq à six bouillons. On en met depuis deux onces jusqu'à trois pour chaque livre de soie, suivant la nuance que l'on veut faire. Pour faire la nuance la plus ordinaire, la dose de cochenille est de deux onces & demie.

Il

Il eſt rare que l'on paſſe trois onces, ſi ce n'eſt pour faire quelque aſſortiment particulier.

Quand la cochenille a jetté un bouillon, on ajoute dans le bain une once de crême de tartre ou de tartre blanc pilé pour chaque livre de cochenille.

Auſſi tôt que le tartre a bouilli, on jette dans le bain pour chaque livre de cochenille environ une once d'une diſſolution d'étain dans l'eau régale, qu'on nomme *compoſition*, & qui ſe fait de la maniere ſuivante.

On prend une livre d'eſprit de nitre, deux onces de ſel ammoniac, & ſix onces d'étain fin grenaillé. On met l'étain & le ſel ammoniac dans un pot de grais d'une grandeur ſuffiſante; on verſe par-deſſus environ douze onces d'eau, puis on ajoute l'eſprit-de-nitre, & on laiſſe faire la diſſolution.

Cette compoſition contient beaucoup plus de ſel ammoniac & d'étain que celle que l'on emploie pour l'écarlatte de cochenille ſur laine : mais cela eſt abſolument néceſſaire; car cette derniere éclairciroit trop, & même pourroit détruire entiérement le rouge que la cochenille eſt capable de donner ſur la ſoie.

On mêle bien dans le bain en l'agitant avec un bâton, la quantité preſcrite de cette compoſition, & auſſi-tôt on acheve de remplir la chaudiere avec de l'eau froide; la proportion du bain eſt d'environ huit à dix pintes d'eau pour chaque livre de ſoie fine; on en peut mettre moins pour les groſſes ſoies, parce qu'elles occupent moins de place. Le bain eſt pour lors en état de recevoir les ſoies que l'on y plonge en les liſant juſqu'à ce qu'elles paroiſſent bien unies, ce qui arrive ordinairement au bout de cinq ou ſix liſes. Alors on pouſſe le feu pour faire bouillir le bain, & on le fait bouillir ainſi pendant deux heures, & pendant ce tems-là on a ſoin de liſer les ſoies de tems en tems : au bout de ce tems on retire le feu de deſſous la chaudiere, & on met les ſoies en *ſoude*, comme nous avons dit que cela ſe fait pour l'alunage. On les y laiſſe pendant cinq ou ſix heures, & même ſi on fait le cramoiſi le ſoir, on peut les y laiſſer juſqu'au lendemain matin; on les retire enſuite, & on les lave à la riviere, en leur donnant deux battures; on les tord comme à l'ordinaire, & on les étend ſur les perches pour les faire ſécher.

Les bruns du cramoiſi fin ſe nomment communément *cannelés*. Pour les faire, on lave les cramoiſis en les retirant du bain de cochenille, & on leur donne deux battures à la riviere; après cela, on prépare un bain d'eau, telle qu'elle ſe trouve en été & en hiver un peu tiéde, & on y jette de la couperoſe fondue dans de l'eau en plus ou moins grande quantité, ſuivant la bruniture que l'on veut donner à la couleur. On liſe la ſoie ſur ce bain par petits mateaux pour qu'elle s'uniſſe bien, & quand elle eſt à la nuance que l'on veut avoir, on la retire, on la tord, & on la met ſécher, ſans la laver, ſi l'on veut, parce que ce bain de couperoſe eſt preſque comme de l'eau claire. Comme l'effet de la couperoſe eſt de faire prendre à la cochenille un œil violet, c'est-à-dire, de lui faire perdre son jaune : si l'on s'apperçoit que la couleur perde trop de son jaune, on la soutient en mettant dans le bain de couperose un peu de décoction de bois de fustet qui le remet au ton convenable ; il n'y a que la couperose qui puisse faire la *bruniture* des cramoisis fins ; le bois d'Inde ne sert à rien dans cette occasion : la couperose seule suffit, attendu qu'elle brunit beaucoup avec la noix de galle que l'on emploie dans le cramoisi fin.

Remarques sur le Cramoisi fin.

Le procédé qu'on vient de donner pour faire cette couleur, est le plus en usage à présent, parce qu'il donne une couleur plus belle que celle qui se faisoit autrefois. Cependant comme il y a encore quelques Teinturiers qui font le cramoisi suivant l'ancienne méthode, nous allons la donner ici.

Pour faire ces cramoisis, on met dans la cuite de la soie du rocou en pâte, tel qu'il est apporté des Indes.

Quand le savon est bouillant, on prend environ une demi-once de ce rocou, & on l'écrase en le pilant dans la passoire, comme nous l'avons dit en parlant de l'orangé. On le pile le plus fin qu'il est possible, pour qu'il ne reste plus de grumeaux qui puissent s'attacher à la soie.

Au moyen de cette petite quantité de rocou, la soie en se cuisant prend une couleur isabelle qui est assez solide, & qui tient lieu de l'effet que la composition produit sur le cramoisi, qui est de le jaunir un peu. Tout le reste se fait comme dans le cramoisi précédent ; mais on n'y met ni composition ni tartre.

Les Teinturiers en soie ne sont point dans l'usage de se servir d'autre cochenille que de la *mesteque* ou cochenille fine ; & même ils préferent toujours la cochenille *grabelée*, c'est-à-dire, celle qui a été nettoyée de toutes ses ordures, en la tamisant & en triant ensuite toutes les petites pierres & autres petits corps étrangers qui peuvent s'y trouver mêlés. On ne peut qu'approuver cette attention, attendu que la cochenille non grabelée étant moins pure, il en faut mettre davantage, & qu'ainsi on a toujours dans le bain plus de son ou de marc qui peut faire du tort à la couleur.

Le tartre blanc qu'on emploie dans les cramoisis fins, sert à exalter & à jaunir la couleur de la cochenille ; effet qu'il produit à cause de son acidité ; tous les acides produiroient le même effet : mais on a remarqué que le tartre est préférable, & qu'il donne un plus bel œil.

Malgré cette qualité du tartre, il ne seroit pas capable d'exalter la couleur de la cochenille autant qu'il est nécessaire pour avoir un beau cramoisi, quelque quantité qu'on en mît, si on l'employoit seul ; car s'il n'y avoit qu'une dose médiocre de cet ingrédient, il ne jauniroit point suffisamment ; & si on en mettoit une grande quantité, il mangeroit & dégraderoit une partie de la couleur, ſans même produire un bel effet.

On eſt obligé pour le ſeconder de ſe ſervir de la compoſition qui n'eſt, comme on l'a vû, qu'une diſſolution d'étain dans l'eau régale. Cette diſſolution qui produit ſur la cochenille, lorſqu'on l'emploie à teindre la laine, un effet aſſez conſidérable pour changer la couleur giroflée qu'elle a naturellement, en un couleur de feu d'un éclat prodigieux, ne peut que l'amener au cramoiſi lorſqu'on l'emploie ſur la ſoie; mais auſſi elle donne un très-bel œil à cette couleur; elle ſe marie avec le tartre, en augmente l'effet ſans appauvrir la couleur quand on n'en met point trop, & diſpenſe de donner un pied de rocou à la ſoie, comme nous l'avons dit.

A l'égard de la noix de galle, elle ne produit aucun bon effet dans les cramoiſis quant à la couleur; au contraire, elle la ternit au point que lorſqu'on en ajoute trop, la couleur en eſt tout-à-fait gâtée; il eſt néanmoins d'uſage d'en mettre toujours la quantité que nous avons preſcrite.

Voici ce qu'on peut conjecturer ſur l'introduction de cette mauvaiſe pratique. On faiſoit autrefois les cramoiſis de cochenille ſans tartre ni compoſition en les jauniſſant ſeulement par le rocou; mais alors les ſoies teintes par cette méthode n'avoient point de cri ou maniement; enſorte qu'au ſeul toucher on ne pouvoit diſtinguer cette ſoie d'avec celle qui étoit teinte avec le bois de Bréſil. Comme la noix de galle, à raiſon d'un acide caché qu'elle contient [illegible] la propriété de donner à la ſoie beaucoup de maniement, on en a ajouté [illegible] cochenille dans les cramoiſis; on a eu par ce moyen des ſoies cramoiſies, qui, par le maniement que cela leur donnoit, pouvoient ſe diſtinguer au toucher, d'avec les cramoiſis faux ou de Bréſil; car il faut remarquer que la teinture du bois de Bréſil ne peut ſupporter l'action de la noix de galle, qui la mange & la détruit entiérement.

Mais en même-tems que la noix de galle donne du cri à la ſoie, elle a encore la propriété ſinguliere & très-remarquable, d'en augmenter le poids aſſez conſidérablement, c'eſt-à-dire, qu'en mettant une once de noix de galle, par chaque livre de ſoie, cela peut donner de deux à deux & demi pour cent; il y a même des Teinturiers, qui portent cette augmentation de poids de la ſoie cramoiſi fin, par le moyen de la noix de galle, juſqu'à ſept à huit pour cent. Or, on s'eſt accoutumé à avoir ce bénéfice du poids de la ſoie dû à la noix de galle, enſorte que, lorſque cette drogue eſt devenue inutile par l'addition du tartre & de la compoſition, qui donnent auſſi-bien qu'elle du cri à la ſoie, elle a continué d'être néceſſaire, pour l'augmentation du poids à laquelle on étoit accoutumé, & que les acides, dont nous venons de parler, ne peuvent point donner comme elle. Au reſte, on a toujours ſoin de préférer la noix de galle blanche à la noire, parce qu'elle gâte beaucoup moins la couleur. Il résulte de ce qu'on vient de dire, de l'usage de la noix de galle dans le cramoisi fin, que cette drogue est non-seulement inutile, mais encore qu'elle est nuisible, & qu'elle ne peut servir qu'à donner lieu à des fraudes condamnables & préjudiciables au commerce ; & que si l'on faisoit un Réglement pour la teinture des soies, il seroit à propos de défendre absolument d'employer cette drogue dans le cramoisi fin.

Le repos que l'on donne aux soies dans le bain, est nécessaire pour leur faire tirer entiérement la cochenille. Les soies prennent encore dans ce repos environ une bonne demi-nuance, & la couleur se jaunit d'autant, ce qui lui donne un coup d'œil moins sombre & plus beau.

Peut-être seroit-on tenté de croire, qu'en laissant bouillir les soies plus long-tems dans le bain, on auroit les mêmes effets : mais l'expérience prouve le contraire ; d'ailleurs, les frais seroient plus considérables, attendu qu'il faudroit entretenir le feu plus long-tems.

La cochenille laisse sur les soies, au sortir du bain, une espèce de son qui n'est que la peau de cet insecte, dans laquelle il reste toujours un peu de son suc colorant. C'est pour bien nettoyer les soies & les débarrasser entiérement de ce son, qu'on les bat deux fois en les lavant à la riviere. Par ce moyen, la couleur devient aussi plus brillante, plus nette & plus développée.

A l'égard des deux battures que l'on donne avant la teinture, elles sont nécessaires, parce que les soies ayant été fortement alunées pour cette couleur, & étant destinées à bouillir long-tems dans le bain de teinture, elles y laisseroient aller, sans cette précaution, une certaine quantité d'alun, qui, non-seulement tiendroit la couleur trop rosée & trop grise, mais aussi qui empêcheroit la cochenille de se tirer parfaitement ; car en général, tous les sels neutres mis dans les bains de teinture, ont plus ou moins cet inconvénient.

Le cramoisi fin ou de cochenille, tel qu'on vient de le décrire, est non-seulement une très-belle couleur, mais on peut la regarder aussi comme excellente : c'est la plus solide de toutes les teintures en soie. Elle résiste parfaitement au débouilli du savon, & paroît ne recevoir aucune altération de la part de l'action de l'air & du soleil. Les étoffes de soie teintes de cette couleur, qui sont employées ordinairement dans les ameublemens, sont plutôt usées, par le service, que déteintes ; on voit d'anciens meubles cramoisi fin, qui ont plus de soixante ans, dont la couleur ne paroît presque point dégradée. Le seul changement qu'éprouve le cramoisi fin, c'est de perdre à la longue de l'œil jaune qui lui donne de l'éclat : cela le fait tirer sur le violet, & le rend sombre.

Les Connoisseurs n'ont besoin que de manier la soie teinte en cramoisi fin, pour la distinguer de celle qui est teinte en cramoisi faux ou de bois de Brésil, dont on va parler ci-après, parce que cette derniere couleur ne pouvant supporter

supporter l'action des acides, la soie sur laquelle elle est appliquée, ne peut avoir le cri ou le maniement que donnent aux soies les acides employés dans le cramoisi fin. Mais lorsque la soie est fabriquée en étoffes, & qu'il est question de prouver aux acheteurs qu'elle est teinte en cramoisi fin, on se sert du vinaigre, à l'action duquel le cramoisi de cochenille résiste très-bien, au lieu que cet acide tache en jaune, & mange en un instant le cramoisi de bois de Brésil.

Du Cramoisi faux, ou du Rouge de bois de Brésil.

Cette couleur se tire du bois de Brésil, qui fournit une teinture extractive très-abondante & assez belle, quoiqu'elle le soit sensiblement moins que celle de la cochenille: on la nomme *cramoisi faux*, à cause du peu de solidité qu'elle a en comparaison du cramoisi fin: comme elle est infiniment moins chere, elle ne laisse pas que d'être d'un assez grand usage.

Les soies destinées à être teintes en rouge de bois de Brésil, doivent être cuites à raison de vingt livres de savon pour cent pesant de soie; on les alune à l'ordinaire, comme pour toutes les autres couleurs; il n'est pas nécessaire que l'alunage soit aussi fort, que pour les cramoisis fins: lorsque les soies sont alunées, on les tord & on les raffraîchit à la riviere.

Pendant qu'on fait ce lavage, on fait chauffer de l'eau dans une chaudiere; & cependant, on prépare une barque dans laquelle on met du jus ou forte décoction de bois de Brésil, à raison d'environ un demi-seau pour chaque livre de soie, plus ou moins suivant la force de la décoction, & la nuance qu'on veut donner; on verse ensuite dans cette barque, la quantité d'eau chaude nécessaire pour former le bain; on passe après les soies sur ce bain, en les lisant comme les jaunes; elles prennent dans ce bain un rouge, qui, lorsqu'on se sert de l'eau de puits, est ordinairement à la nuance de cramoisi; mais lorsqu'on s'est servi d'eau plus pure, telle que celle de riviere, ce rouge est plus jaune que ne l'est le cramoisi de cochenille, auquel on veut toujours le faire ressembler le plus qu'il est possible; il a besoin, par cette raison, d'être *rosé*, ce qui se fait de la maniere suivante.

On lessive un peu de cendre gravelée dans de l'eau chaude; environ une livre peut suffire pour trente ou quarante livres de soie; on lave les soies à la riviere; on leur donne une batture, & on met la lessive de cendre gravelée dans une nouvelle barque qu'on remplit d'eau froide; on passe les soies sur cette eau; elle y prend aussi-tôt un bel œil cramoisi, en laissant dans cette eau un peu de sa teinture: on lave après cela les soies à la riviere; on les tord & on les met sécher sur les perches.

Dans quelques Manufactures, au lieu de se servir de cendre gravelée pour roser les cramoisis, on passe simplement les soies sur de l'eau chaude, jusqu'à ce qu'elles aient l'œil que l'on désire ; cette opération est beaucoup plus longue, & coûte davantage, attendu la consommation du bois; ainsi, elle n'a aucun avantage sur la précédente ; & même il faut que la couleur soit plus pleine de teinture, parce que l'eau chaude décharge beaucoup cette couleur.

Quelques autres Teinturiers sont dans l'usage de roser ces cramoisis sur le bain même où ils ont été faits, en y mettant de la lessive de cendre gravelée; cette méthode est beaucoup plus courte; mais on ne s'en sert guères, parce qu'il y faut plus de cendre, & que les cramoisis faits de cette façon paroissent un peu moins beaux.

On sent bien que pour faire les nuances claires, il ne s'agit que de mettre moins de jus de Brésil dans le bain : mais elles ne sont guères d'usage, parce qu'elles ne sont point belles.

Remarques sur le Rouge ou Cramoisi de bois de Brésil.

CETTE couleur n'a aucune difficulté, & se fait sans embarras. Les Teinturiers en soie ont soin d'avoir toujours une provision de jus ou décoction de bois de Brésil, qui se fait de la maniere suivante : On hache le bois de Brésil par petits copeaux. Dans une chaudiere qui tient environ soixante seaux, on met cent cinquante livres de ces copeaux ; on remplit la chaudiere, & on fait bouillir ces copeaux pendant trois bonnes heures, en remplissant pour remplacer l'eau qui s'évapore. On coule ce jus de Brésil dans une tonne, & on reverse autant de nouvelle eau claire sur les copeaux. On les fait bouillir de nouveau encore pendant trois heures, on fait ainsi quatre bouillons en tout, après quoi le bois est épuisé de toute sa teinture.

Quelques Teinturiers sont dans l'habitude de conserver séparément ces différens bouillons, le premier est plus fort; mais souvent aussi sa couleur est moins belle, parce qu'il est chargé de toutes les impuretés du bois. Le dernier est ordinairement très-clair & très-foible de teinture: mais on a remarqué, qu'en les mettant tous ensemble, ils forment une liqueur homogène, qui est d'un très-bon service.

Peut-être, si l'on vouloit s'assujettir à laver d'abord le bois dans l'eau chaude pour le nettoyer, obtiendroit-on un jus qui donneroit une couleur un peu plus belle : mais elle n'est pas assez importante, pour qu'on prenne tant de peines & de précautions. Il est bon néanmoins d'enlever dans chaque décoction une écume noirâtre qui monte à la surface ; la couleur de la décoction en est toujours plus belle.

On garde ordinairement, pendant quinze jours ou trois semaines, le jus du Brésil avant de s'en servir, parce qu'on a remarqué qu'il s'y excite une sorte de fermentation sourde, qui fait foisonner la couleur. Quelques Teinturiers sont même dans l'usage de le laisser vieillir pendant quatre ou cinq mois, jusqu'à ce qu'il soit gras & filant comme de l'huile : mais on n'a pas remarqué du moins pour la soie, qu'il fût avantageux de le garder si long-tems. Quinze jours ou trois semaines suffisent, comme nous l'avons dit, pour lui donner toute sa qualité ; si on l'employoit tout nouvellement fait, il donneroit une couleur plus rose, & il en faudroit une plus grande quantité, parce qu'alors il teint moins fortement.

On peut se servir indifféremment d'eau de puits ou d'eau de riviere, pour faire la décoction du bois de Brésil ; le seul avantage qu'on ait remarqué en se servant d'eau de puits, tant pour la décoction du bois que pour le bain, c'est qu'alors les cramoisis qu'on en tire, n'ont pas besoin d'être rosés par la cendre gravelée ; mais aussi on a observé que ceux qui sont faits à l'eau de riviere, & qu'on rose ensuite avec la cendre, ont un coup d'œil un peu plus flatteur.

On comprend sous la dénomination générale de *bois de Brésil,* plusieurs espèces de bois, qui, quoique fournissant tous à peu-près la même couleur, paroissent néanmoins différens par la beauté ou la bonté de leur teinture ; le plus beau & le meilleur de tous, pour la soie, est celui qu'on nomme *bois de Fernambouc* : c'est aussi le plus cher ; ce bois est très-lourd ; il nous est apporté sans écorce : il paroît brunâtre à l'extérieur. Lorsqu'il est nouvellement fendu, il paroît dans son intérieur, tirer plutôt sur le jaune que sur le rouge ; mais sa couleur rouge se développe peu-à-peu à l'air ; au reste, sa couleur n'est jamais bien foncée : il faut choisir le plus sain, le plus net, le moins carié, & le plus haut en couleur qu'il est possible.

Les Teinturiers en soie ne sont point dans l'usage de se servir du *bois de Sainte Marthe* qui ne differe du précédent que parce qu'il est beaucoup plus rouge & plus foncé. Cependant il pourroit peut-être servir avantageusement à faire certaines couleurs foncées. Ce qu'il y a de certain, c'est qu'on s'en sert beaucoup pour les toiles & les cotons.

Il y a encore un autre bois à peu-près semblable au Fernambouc, & qu'on nomme *bois du Japon* ou *Brésillet* ; il donne beaucoup moins de couleur, & par cette raison, on ne s'en sert que pour faire les plus basses nuances. Au reste, il y a toujours plus d'avantage à se servir du bois de Brésil ou de Fernambouc, même pour ces nuances, parce qu'il en coûte autant de soins pour tirer la couleur du bois du Japon. Ce bois se distingue aisément du Fernambouc, parce qu'il est beaucoup moins haut en couleur, & beaucoup moins gros. Il a dans son intérieur un peu de moëlle.

Les bruns & cramoisis faux portent ordinairement le nom de *rouges bruns* ; parce que dans les atteliers on donne au cramoisi faux le nom de *rouge*.

Pour faire ces nuances, lorſque la ſoie a tiré le Bréſil, & lorſqu'elle a pris ſuffiſamment de hauteur, on met dans le même bain du jus de bois d'Inde, plus ou moins, ſuivant la nuance que l'on veut avoir; on braſſe bien le bain, & l'on y paſſe les ſoies de nouveau juſqu'à ce qu'elles aient acquis le degré de bruniture néceſſaire. Si l'on ne trouvoit pas la couleur aſſez violette, on lui donneroit ſur de l'eau un peu de leſſive & de cendre gravelée, comme au cramoiſi faux.

Pour teindre ſur crud le cramoiſi faux, on prend ſes ſoies blanches, comme pour le jaune; & après les avoir trempées, on les alune & on les traite comme les ſoies cuites.

Du Ponceau, du Nacarat, & du Cériſe.

TOUTES ces couleurs ſont des rouges vifs exaltés par un ton beaucoup plus jaune que le cramoiſi. Elles ſe font facilement ſur la laine avec la cochenille jaunie & avivée par la compoſition ou diſſolution d'étain; elles ont ſur cette ſubſtance beaucoup d'éclat & de ſolidité, parce que la cochenille dont on les tire eſt un ingrédient eſſentiellement de bon teint. Mais il s'en faut bien qu'on ait le même avantage ſur la ſoie. Cette ſubſtance refuſe abſolument de prendre ces nuances en cochenille; du moins juſqu'à préſent, on n'a publié aucun procédé pour les lui faire prendre [a]. La ſoie miſe dans un bain de cochenille exalté par la compoſition, & capable de teindre la laine en un couleur de feu des plus éclatants, ne prend dans ce bain qu'une nuance de pelûre d'oignon foible, terne, & qui n'eſt, à proprement parler, qu'un mauvais *barbouillage*.

On eſt donc obligé de faire toutes ces couleurs ſur la ſoie avec une autre drogue; c'eſt la fleur d'une plante qu'on nomme *Carthame, Saffran bâtard*, ou *Saffranum*.

Cette fleur contient deux ſortes de teintures bien diſtinctes & bien différentes l'une de l'autre par leur couleur & par leur propriété. L'une eſt une eſpece de jaune, de nature extractive, & par conſéquent diſſoluble dans l'eau; l'autre eſt un fort beau rouge, beaucoup plus jaune que le cramoiſi, & dont la nuance naturelle eſt un couleur de ceriſe très-vif & très-agréable. Cette ſeconde partie colorante du Carthame, ne ſe diſſout point dans l'eau pure, parce qu'elle eſt de nature décidément réſineuſe, ainſi qu'on le verra bientôt.

Quoique la nuance naturelle du rouge réſineux du Carthame, ne ſoit point aſſez jaune, & demande à être aſſiſe ſur un fond jaune orangé pour imiter le couleur de feu ou l'écarlatte que la cochenille donne ſur la laine, on ne fait néanmoins aucun uſage du jaune extractif que contient ce même Carthame, parce que

(a) Il y a dix ou douze ans qu'un ancien Teinturier du bon teint, fit voir un velours couleur de feu qu'il diſoit teint en cochenille. Tout ce qu'on a pû ſçavoir de ſon ſecret, eſt qu'il donnoit à la ſoie un fort pied de rocou, & qu'après l'avoir bien lavée, il la teignoit dans un bain de cochenille, auquel il ajoutoit une petite quantité de diſſolution d'étain.

que ce jaune n'eſt point aſſez beau, & qu'il n'a pas d'ailleurs le ton de couleur convenable. Ainſi on commence par ſéparer ce jaune extractif d'avec le rouge réſineux, ce qui eſt très-facile, à cauſe de la différente nature de ces deux teintures; il ne s'agit pour cela que de diſſoudre & d'enlever tout ce jaune extractif par une ſuffiſante quantité d'eau; il ne reſte plus après cela dans le Carthame que le rouge réſineux que l'eau n'a pû enlever, & qu'on rend diſſoluble par le moyen d'un ſel alkali, pour le mettre en état de teindre, comme on va le voir par le détail du procédé.

Préparation du Carthame ou Saffranum.

On enferme le Carthame dans des ſacs de forte toile juſqu'à la quantité d'environ ſoixante livres à la fois; on porte ces ſacs à la riviere, & l'on a ſoin de choiſir un endroit dont le fond ſoit bon, & où il n'y ait point de pierres. On met les ſacs dans l'eau, & pour qu'ils ne puiſſent être entraînés, on a ſoin de les attacher par le bout avec une corde qu'on lie à un poteau enfoncé ſur le bord de l'eau. Enſuite un homme monte deſſus, en tenant à ſa main un fort bâton pour s'appuyer, & il les foule continuellement avec les pieds.

S'il fait chaud, & qu'on n'ait pas une grande quantité de *ſaffranum* à laver, ceux qui font cette opération, peuvent la faire, jambes nues & le pied dans des ſabots. Mais ſi l'on en a une grande quantité à laver, ou qu'il faſſe froid, il eſt néceſſaire d'avoir des bottines de cuir très-fort, & propre à réſiſter à l'eau. On a même ſoin de ſe garnir les jambes de linges avant de les mettre dans ces bottes; & par ce moyen on évite que la peau ne s'attendriſſe trop par le ſéjour dans l'eau.

Le *ſaffranum* par le moyen de ce lavage, ſe décharge d'une grande quantité de ſon jaune extractif que l'eau emporte, & l'on continue à fouler les ſacs juſqu'à ce que l'eau n'en tire plus de couleur.

Cette opération eſt longue, il faut ordinairement deux jours à un homme pour pouvoir laver ainſi un ſac de ſoixante livres.

Quand on eſt à portée d'avoir de l'eau de ſource ou de bonne eau de puits propre à boire, on peut éviter d'aller laver le *ſaffranum* à la riviere, & on peut le laver dans des barques de la maniere ſuivante.

Ces barques marquées A, *Planche VI. Fig.* 1, ſont faites de bonnes planches à languettes & rainures; & on leur donne ordinairement ſix pieds de longueur ſur trois ou quatre de large, afin que les ſacs puiſſent y entrer, & y être remués commodément.

Quand le ſac eſt dans une pareille barque, on en ouvre la bouche, & on la tient fixée dans cet état par le moyen d'un morceau de bois en croix, comme on le voit en B, *ibid.* & *Fig.* 2. ou par quelqu'autre manœuvre. Enſuite on lâche dans cette ouverture un des robinets C qui ſont dans l'attelier, & auſſi-tôt que le *ſaffranum* ſe trouve ſuffiſamment baigné d'eau,un homme muni de bottes, comme nous avons dit, & qui ſe tient à une corde attachée au plancher, monte ſur ce ſac, & le foule aux pieds pour dégorger le ſaffran de ſa couleur jaune. Voyez cette manœuvre en D, *ibid.*

Quand l'eau s'eſt bien chargée de cette couleur, on la vuide par le moyen d'un robinet ou bondon qui eſt au bas de la barque, dont le fond doit avoir un peu de pente pour faciliter l'iſſue de l'eau, comme on le voit en E, *ibid.* Enſuite on donne de nouvelle eau; on foule de nouveau, on laiſſe aller encore cette eau, & on continue ainſi juſqu'à ce que le *ſaffranum* ſoit entiérement lavé, & qu'il ne colore plus l'eau en jaune.

Cette méthode de laver le *ſaffranum*, eſt, comme on voit, beaucoup plus commode que l'autre, & l'on s'en ſert toujours par préférence dans tous les endroits où l'on a de bonnes eaux de fontaine ou de puits à ſa portée. Cette méthode ſe pratique à Lyon où l'on a des eaux & des atteliers propres à ce travail. Les ſacs qui ont ſervi à ce lavage ſont toujours teints en couleur de ceriſe; parce que le jaune extractif diſſout & emporte avec lui une petite portion du rouge réſineux du *ſaffranum*.

Lorſque cette ſubſtance eſt débarraſſée ainſi de tout ſon jaune, on acheve de la préparer pour la teinture, de la maniere ſuivante.

On la met dans une barque de bois de ſapin faite comme celles dans leſquelles on teint; comme le Carthame eſt en mottes, on le *friſe*, c'eſt-à-dire, qu'on diviſe toutes ces mottes en les briſant avec une pelle: lorſqu'il eſt bien diviſé, on ſaupoudre deſſus à diverſes repriſes de la cendre gravelée ou de la ſoude bien pulvériſée & tamiſée, à raiſon de ſix livres pour cent livres de *ſaffranum*. On mêle bien le tout enſemble, à meſure qu'on met le ſel, comme on le voit en F, *ibid.*

On range le tout dans un coin de la barque, & on acheve de bien faire le mélange, en le foulant aux pieds par petites portions qu'on rejette enſuite par derriere ſoi, à l'autre bout de la barque. Cela s'appelle *ameſtrer* le *ſaffranum*. Voyez G, *ibid.*

Lorſque cette opération eſt faite, on met le *ſaffranum* ainſi ameſtré dans une petite barque longue, qu'on nomme *grille*, parce que le fond eſt formé comme une claie par des barres de bois placées à deux travers de doigt l'une de l'autre, dans le ſens de la largeur; on garnit l'intérieur de cette barque avec une bonne toile ſerrée, & on emplit cette barque de *ſaffranum*: on le place ſur la grande barque, & on jette de l'eau froide deſſus. Cette eau ſe charge des ſels qui tiennent en diſſolution la matiere colorante du ſaffran, & ſe filtre en tombant dans la barque deſtinée à la recevoir. Voyez cet appareil marqué H, *ibid. Fig.* 1 & 2. On continue à verſer ainſi de nouvelle eau, en remuant de tems en tems juſqu'à ce que la barque inférieure soit pleine; on transporte après cela le *saffranum* sur une autre barque, & on coule de nouvelle eau jusqu'à ce que la liqueur commence à n'avoir plus de couleur; alors on y remêle encore un peu de cendre; on le remue, & on passe de nouvelle eau qui tire encore un peu de couleur. On cesse cette manœuvre quand on voit que le *saffranum* est entiérement dépouillé de sa couleur rouge, & qu'il n'est plus que jaune. Il ne peut plus servir à rien lorsqu'il est en cet état.

Lorsqu'il est question de teindre des soies en *Ponceau* ou couleur de feu fin, avec la teinture ainsi préparée, ces soies doivent d'abord avoir été cuites comme pour le blanc : ensuite on leur donne un pied de rocou de trois ou quatre nuances au-dessous de celle qu'on nomme *aurore*, comme il a été expliqué à l'Article de l'orangé. Ces soies ne doivent point être alunées, parce qu'il ne s'agit ici que de leur faire prendre une couleur résineuse.

Lorsque les soies sont lavées, bien écoulées & distribuées par mateaux sur les bâtons, on met dans le bain du jus de citron, jusqu'à ce que de couleur jaune-rougeâtre qu'il étoit, il devienne d'un beau couleur de cerise; cela s'appelle *virer le bain.* On brasse bien le tout, & on y met les soies, qu'on lise tant qu'on s'apperçoit qu'elles tirent de la couleur.

Il faut observer que pour les ponceaux qui sont la plus haute couleur que puisse donner le *saffranum*, lorsque la soie paroît ne plus tirer de teinture dans ce bain, on la retire, on la tord à la main sur le bain, on l'écoule à la cheville, & tout de suite on la passe sur un nouveau bain de même force que le premier. On la traite comme la premiere fois; après quoi, on la retire, on la lave, on la tord, & on l'étend sur les perches pour la faire sécher: lorsqu'elle est séche, on lui redonne de nouveaux bains, tels que les premiers, & on continue la même manœuvre en lavant, en faisant sécher entre chaque nouveau bain, jusqu'à ce qu'elle ait acquis la hauteur qu'on desire; il faut ordinairement cinq à six bains pour l'amener au couleur de feu ou ponceau; au reste, cela dépend de la force du bain, ensorte qu'il faudroit un beaucoup plus grand nombre de bains, si la lessive de *saffranum* étoit foible; & quelque forte qu'elle soit, on ne peut guere faire cette couleur à moins de trois ou quatre bains.

La soie étant parvenue au degré de plénitude convenable, on lui donne un *avivage* de la maniere suivante.

On fait chauffer de l'eau jusqu'à ce qu'elle soit prête à bouillir; on la met dans une barque; on verse du jus de citron dans cette eau, à la quantité d'environ un demi-septier par chaque seau d'eau. On lise les soies ponceau, environ sept ou huit fois sur ce bain d'avivage, qui leur sert en même tems de lavage; elles prennent dans ce bain, plus de brillant & de gaieté; on les tord alors, & on les fait sécher à l'ordinaire.

Les nacarats & cerises foncés, se font précisément comme les ponceaux, à l'exception qu'il n'est point nécessaire que les soies aient un pied de rocou, & qu'on peut employer des bains qui ont servi au ponceau pour faire ces couleurs, ce qui acheve d'épuiser ces bains. On ne fait des bains neufs pour ces dernieres couleurs, que quand on n'a point eu occasion de faire de ponceau.

A l'égard des cerises plus légères, des couleurs de rose de toute nuance, & des couleurs de chair, on les fait sur les seconds & derniers bains de coulage de saffran qui sont plus foibles; ces couleurs se travaillent au reste & s'avivent comme les ponceaux, en passant toujours d'abord celles qui doivent être les plus foncées.

La plus légère de toutes ces nuances, qui est une couleur de chair extrêmement tendre, a besoin qu'on mette dans le bain un peu d'eau de savon, qui a servi à cuire les soies. Ce savon allége la couleur, & empêche qu'elle ne prenne trop promptement, & qu'elle ne soit mal unie. On la lave, & ensuite on lui donne un peu d'avivage sur le bain, qui a servi aux couleurs plus foncées.

Tous ces bains s'emploient aussi-tôt qu'ils sont faits, & toujours le plus promptement qu'il est possible, parce qu'en les gardant, ils perdent beaucoup de leur couleur, qui même s'anéantit entiérement au bout d'un certain tems.

On les emploie toujours aussi à froid, parce qu'aussi-tôt que le *saffranum viré*, c'est-à-dire, rougi par l'aide du citron, sent la chaleur, il se décolore.

Pour œconomiser le *saffranum*, on est dans l'usage, depuis quelque-tems, d'employer pour les ponceaux & autres nuances foncées, de l'orseille d'herbe, ou de la perelle à son défaut. Cette orseille se met dans les premiers & seconds bains, à raison de cinq ou six seaux de bain d'orseille, dans un bain d'environ trente seaux de bain de saffran, ce qui fait à peu-près un cinquieme au total du bain. En parlant des couleurs qui se font avec de l'orseille, nous donnerons la maniere d'en tirer la teinture.

Pour faire sur crud toutes les nuances de *saffranum* dont nous venons de parler, on choisit des soies très-blanches, & on les traite précisément comme les soies cuites, avec cette seule différence, qu'on passe ordinairement les ponceaux, les nacarats & les cerises sur crud, dans les bains qui ont servi pour faire les mêmes couleurs en soie cuite. Ces bains se trouvent avoir encore assez de force pour teindre la soie crue, qui, comme nous l'avons dit, monte beaucoup plus facilement en couleur, & même exige en général moins de teinture que la soie cuite.

Remarques sur la teinture de Carthame, ou Saffran bâtard.

LORSQUE le carthame a été dépouillé de tout son jaune extractif par le lavage à l'eau, à l'eau, le rouge résineux qui lui reste a besoin d'un dissolvant particulier; & ce sont les sels alkalis fixes, que l'expérience a fait connoître comme les plus propres à cet usage. C'est donc pour mettre le rouge résineux du carthame dans l'état de dissolution nécessaire à la teinture, qu'on en fait une espèce de lessive, avec la soude ou la cendre gravelée. Mais ces alkalis, en même-tems qu'ils dissolvent ce rouge résineux, diminuent beaucoup l'intensité de sa couleur, & la font tirer sur le jaune, comme on a vû qu'ils le font à l'égard du rocou. Le jus de citron qu'on ajoute dans le bain, remédie pleinement, en qualité d'acide, à cet inconvénient: il sépare cette partie colorante résineuse d'avec l'alkali, & rétablit sa couleur dans toute sa beauté.

A la vérité, le rouge résineux n'est plus alors dans l'état de dissolution, il est plutôt sous la forme d'une espèce de précipité; mais ce précipité est si fin & si divisé, que cela équivaut à une dissolution, & qu'il est en état de s'appliquer assez bien sur la soie. Cependant, il est à remarquer que quand la soie a séjourné dans cette teinture pendant un certain tems, elle ne continue plus à se teindre, quoiqu'il y ait encore beaucoup de couleur dans le bain, ce qui vient sans doute de ce que la soie s'empare d'abord des parties les plus fines, les autres étant trop grossières pour pouvoir s'y appliquer, sur-tout lorsqu'elle est déja chargée de teinture jusqu'à un certain point.

Tous les acides sont capables de faire prendre le ton de couleur convenable à la teinture de carthame préparée par l'alkali, & certainement les acides minéraux coûteroient beaucoup moins cher que le suc de citron; cependant, c'est ce dernier auquel on a toujours donné la préférence, & c'est sans doute parce qu'on s'est apperçu qu'il produit un meilleur effet: il est probable que cela vient de ce que le précipité qu'il occasionne est plus fin, & moins sec que celui qui seroit produit par les acides minéraux.

Le ponceau fait avec attention, sans orseille, suffisamment garni de rouge de pur carthame, & lorsqu'il est dans toute sa fraîcheur, est une couleur fort belle & fort éclatante; cependant, il ne peut soutenir la comparaison d'une belle écarlatte de cochenille sur laine: le feu étonnant de cette derniere le fait toujours paroître foible & *blafard*.

Le ponceau résiste à l'épreuve du vinaigre; il est beaucoup plus beau & plus cher, & se soutient un peu plus long-tems à l'air, qu'un mauvais couleur de feu qu'on fait avec le bois de Brésil, & qu'on nomme *ponceau faux* ou *ratine*; ces propriétés le font regarder par la plûpart des Teinturiers & Manufacturiers en soie, comme une couleur fine & de bon teint; mais il s'en faut bien, qu'il mérite en effet d'être mis au nombre des teintures fines ou solides; car vingt-quatre heures d'exposition au soleil & au grand air, suffisent pour dégrader le plus beau ponceau de trois ou quatre nuances, & au bout de quelques jours d'une pareille exposition, à peine reste-t-il un vestige de cette couleur sur la soie. Les nacarats, cerises & couleurs de roses, qui sont moins chargés de rouge du carthame que le ponceau, sont encore plutôt dégradés & détruits par l'action de l'air.

Il est à remarquer que le rouge du carthame, est de la nature des vraies résines, ou de celles qui sont dissolubles dans l'esprit-de-vin; car ce dissolvant enleve en un instant toute cette couleur de dessus les étoffes qui en sont teintes.

Du Ponceau faux, ou couleur de feu fait avec le bois de Brésil.

On fait avec le bois de Brésil une espèce de couleur de feu, qu'on nomme *ratine* ou *ponceau faux*, parce qu'il est infiniment moins cher, infiniment moins beau, & encore moins solide que celui de carthame.

Pour faire cette couleur, on prend des soies cuites, comme pour les couleurs ordinaires; on leur donne un pied de rocou, d'une bonne nuance plus fort que pour le ponceau fin, parce que le rouge du bois de Brésil est naturellement moins jaune, que celui du carthame; ce pied est à peu-près à la nuance du demi-aurore. Au reste, tant pour le ratine que pour le ponceau, il est à propos quand une fois on a un pied convenable, d'en garder un écheveau pour échantillon, cet écheveau sert à guider pour faire le pied toutes les fois qu'on a de ces couleurs à faire.

Le ratine se fait sans aucune difficulté. Après avoir cuit la soie, comme on vient de le dire, on la lave, on l'écoule & on lui donne le pied de rocou; on la lave ensuite, en lui donnant une ou deux battures à la riviere. Après cela, on l'alune comme pour toutes les couleurs extractives, parce que celle du bois de Brésil est de ce nombre; après quoi, on la raffraîchit à la riviere; & l'ayant dressée comme à l'ordinaire, on lui fait un bain de jus de Brésil sur de l'eau chaude; & l'on met dans ce bain, un peu d'eau de savon de la cuite qu'on garde exprès pour cela, à la quantité d'environ quatre ou cinq pintes ou un demi-cassin, sur une barque qui contient vingt-cinq à trente livres de soie: on brasse le tout ensemble, & l'on y met la soie.

Si après un certain nombre de lises, on s'apperçoit que la couleur ne soit point assez foncée, on ajoute du jus de bois de Brésil. Quand la couleur est unie, on lui laisse tirer sa teinture, ayant soin de la liser de tems en tems, jusqu'à ce que la couleur soit à la nuance convenable.

Quand elle est faite, on la lave à la riviere, & on peut lui donner une batture, quand on voit qu'elle manque un peu de rouge; mais il faut, pour cela, observer auparavant si l'eau de la riviere est dans le cas de roser le rouge de Brésil, comme elles font la plûpart; si elle n'avoit pas cette propriété, au lieu de battre la soie, il faudroit recharger le bain de jus de Brésil, jusqu'à ce que le ratine eût acquis assez de rouge.

On fait par la même méthode que nous venons de décrire, des ratines plus bruns, qui s'écartent absolument de la nuance de couleur du feu.

Pour les brunir, quand le bain de Brésil est tiré, on en jette une portion, & on remet de nouveau jus de Brésil, qu'on laisse se tirer; après quoi, on met dans ce bain du jus de bois d'Inde, qui donne une bruniture plus ou moins forte, suivant la quantité qu'on en met.

Ces couleurs qui sont les vrais ratines bruns, ont pris depuis quelque-tems le nom de *moredoré*, nom qui cependant ne leur convient pas, & qui appartient à une autre couleur, dont nous avons parlé à l'article de l'Aurore.

Ces ratines bruns, ainsi que les rouges bruns, dont nous avons parlé à l'article des Cramoisis faux, servent pour completter la nuance de tous les ponceaux & nacarats, attendu qu'avec le saffran on ne peut faire ces sortes de bruns.

Nous n'avons rien à ajouter ici sur ce que nous avons dit, touchant la maniere de préparer le jus de Brésil, en parlant du Cramoisi. On se sert de ce même jus pour toutes les autres couleurs où entre le Brésil; il n'y a de différence que dans l'emploi. Par exemple, le savon que l'on met dans le bain de Brésil pour faire le ratine, est destiné à rendre la soie souple & pliante, & à lui ôter une certaine dureté qu'elle auroit sans cette précaution, parce que l'alunage donné par-dessus un pied de rocou, procure cette dureté. Quelques Teinturiers, au lieu de savon, jettent dans le bain de Brésil une petite poignée de noix de galle en poudre, & ils prétendent que cela produit le même effet, & même que cela donne plus de gaieté à la couleur : mais le grand nombre préferent l'usage du savon.

Pour le ratine sur crud, on prend des soies blanches comme pour le jaune; & après les avoir trempées, on leur donne le rocou tiéde, ou même froid, pour ne point dégommer la soie; après quoi, on acheve cette couleur comme pour les soies cuites.

Du couleur de Rose faux.

On n'est point du tout dans l'usage de faire en faux ni le nacarat, ni le cerise, parce que les couleurs que l'on a par cette méthode, sont trop mornes & trop laides. On fait seulement le rose faux, en donnant à la soie la cuite comme pour le ponceau, alunant ensuite & passant sur un bain de Brésil fort léger, sans y rien ajouter autre chose : mais comme cette couleur est fort grise, & manque absolument d'éclat, elle est fort peu d'usage.

Pour teindre cette nuance sur crud, il faut avoir soin de choisir des soies très-blanches, comme pour toutes les autres couleurs tendres, après les avoir trempées, on les teint comme le cuit.

Du Verd.

CETTE couleur eſt compoſée de jaune & de bleu; elle eſt difficile à faire ſur la ſoie à cauſe de l'inconvénient qu'a le bleu de cuve d'être fort ſujet à ſe tacher & à donner une couleur bigarrée, ce qui devient encore plus ſenſible dans le verd que dans le bleu pur; les verds ſe font de la maniere ſuivante.

La cuite de la ſoie pour ces couleurs eſt comme pour les couleurs ordinaires.

Les Teinturiers en ſoie diſtinguent une multitude de nuances de verd; mais nous ne parlerons ici que des principales, & ſeulement entant qu'il eſt néceſſaire d'employer pour les faire des ingrédients différents.

La premiere nuance dont nous parlerons, eſt celle du *verd de mer* ou *verd Tourville.* Cette nuance a vingt-cinq ou trente dégradations en *numeros* depuis la plus foible, qu'on appelle *verd Piſtache*, qui a un œil citron, juſqu'à la plus foncée, qu'on nomme *verd de terraſſe.*

Pour faire ces verds, après avoir cuit la ſoie, on l'alune fortement; après l'alunage, on raffraîchit à la riviere, & on diſtribue la ſoie en petits mateaux comme de quatre ou cinq onces. Cette précaution eſt néceſſaire pour donner le pied de jaune à toutes les ſoies en général qui ſont deſtinées à être teintes en verd, parce que la ſoie, ainſi diſtribuée en petits mateaux, a de l'avantage pour ſe teindre également, & que quand il s'agit des verds, on doit prendre toutes les précautions poſſibles pour lui procurer cet avantage. Enſuite on fait bouillir de la gaude comme il a été dit à l'Article du Jaune.

Quand la gaude eſt bouillie, on en prépare un bain avec de l'eau claire, aſſez fort pour donner un bon pied de citron. On liſe la ſoie ſur ce bain avec beaucoup d'attention, parce que le mal-uni du pied paroît fort aiſément dans le verd; & quand on juge que le pied eſt à peu-près à ſa hauteur, on trempe dans la cuve quelques brins de cette ſoie pour voir ſi la couleur a aſſez de plénitude ou de pied; ſi elle n'en a point aſſez, on ajoute de la décoction de gaude, & on fait un nouvel eſſai ſur la cuve. Quand la couleur vient bien, on tord la ſoie, on la raffraîchit à la riviere, on lui donne une batture, ſi l'on veut; on dreſſe enſuite la ſoie, & on la remet en mateaux convenables pour paſſer en cuve; on la paſſe mateaux par mateaux l'un après l'autre, comme les bleus; on les tord & les fait ſécher avec le même ſoin & la même promptitude.

Les quinze ou ſeize nuances les plus claires de cette ſorte de verd, n'ont beſoin que d'être paſſées ſur la cuve pour être entiérement parachevées. Lorſque l'on vient au verd piſtache, ſi la cuve eſt encore trop forte, on a ſoin de laiſſer éventer le mateau au ſortir de la cuve ſans le laver, on *l'eſcrêpe* un peu entre les mains,

mains, c'eſt-à-dire, qu'en le tenant d'une main, on le frappe dans l'autre main; de maniere que les brins ſe refoulent & s'écartent les uns des autres, & qu'ils prennent l'air, ce qui donne lieu à la couleur de s'éclaircir également; enſuite on en lave quelques brins pour eſſayer ſi la couleur eſt bien, & pour lors on la lave.

Ce retardement du lavage eſt néceſſaire pour jaunir ſuffiſamment cette nuance, parce que la cuve n'étant point lavée, s'affoiblit & ſe mange un peu à l'air.

Pour les verds plus foncés de cette nuance, on ajoute dans le bain, lorſque la gaude eſt tirée, du jus de bois d'Inde; cette teinture ſert à les brunir.

Les nuances les plus foncées de toutes, ont même beſoin qu'on y ajoute de la décoction de bois de fuſtet. Ce bois donne un fond qui emplit la couleur; enſuite on les lave en leur donnant une batture comme aux précédents, & on les paſſe en cuve toujours avec les mêmes attentions pour laver & faire ſécher promptement.

Il y a beaucoup d'autres nuances de verd qui n'entrent pas dans le verd de mer, parce que l'œil en tire plus ſur le jaune; ces verds ſe font cependant avec les mêmes ingrédients. Tels ſont, par exemple, les *verds d'oſier*.

Pour ces verds, on paſſe d'abord ſur un très-fort bain de gaude; & lorſqu'elle eſt tirée, on donne ſur le même bain ou du fuſtet ou du rocou, pour achever d'emplir ſuivant la nuance: ſi la couleur a beſoin d'être brunie, on ajoute du bois d'Inde après le fuſtet ou le rocou; enſuite on paſſe en cuve.

La ſeconde nuance de verd dont nous avons à parler, eſt le *verd pré* ou *verd d'émeraude*. Pour le faire, on alune comme pour le verd de mer; & après avoir raffraîchi la ſoie à la riviere, on la paſſe ſur le bain de gaude qui a ſervi à faire le verd de mer; on la liſe ſur ce bain: lorſque la couleur paroît unie, on eſſaie quelques brins ſur la cuve pour voir la hauteur du pied; & ſi le verd ſe trouve trop bleu, on remet de la décoction neuve de gaude; on braſſe le bain, & on repaſſe de nouveau la ſoie deſſus juſqu'à ce qu'en faiſant un nouvel eſſai ſur la cuve, on trouve que ce pied eſt bien pour la nuance que l'on cherche.

Il n'y a point d'autre différence entre le verd pré & le verd d'émeraude, ſi ce n'eſt que le premier eſt un peu plus foncé.

Dans les manufactures où l'on peut ſe procurer commodément de la *ſarrete*, on s'en ſert par préférence à la gaude pour faire ces ſortes de verds, parce que la ſarrete donne naturellement plus verd que la gaude, ou pour mieux dire, parce que la ſarrete en ſéchant, reſte au même ton de couleur qu'elle a pris dans le bain, & que la couleur de la gaude, au contraire, jaunit & rouſſit toujours un peu en ſéchant; ce que les Teinturiers appellent *roüir*.

On peut ſe ſervir de géniſtrole au défaut de ſarrete. Cette herbe donne les mêmes effets que la gaude, avec cette différence qu'elle emplit toujours un peu moins ; enforte qu'il en faut mettre plus que de gaude. Ces couleurs doivent fe laver & fe fécher promptement comme tous les verds & les bleus en général.

La troifieme nuance dont nous parlerons, eft le *verd canard*. Il fe fait avec la gaude, la farrete ou la géniftrole, en donnant un bon pied de ces ingrédients, & lorfque le bain eft tiré, on brunit la couleur en mettant du bois d'Inde fur le même bain, enfuite on paffe en cuve.

Les verds d'œillet fe font comme le verd pré & le verd d'émeraude, avec cette feule différence qu'on en fait des dégradations ou nuances, en *tranchant le pied*, c'eft-à-dire, en donnant des pieds plus ou moins forts, fuivant les nuances, au lieu qu'on ne tire point de dégradations des verds de pré ou d'émeraudes.

Pour brunir ces verds canards, on met du bois d'Inde comme dans les nuances précédentes.

Le *verd céladon* doit avoir bien moins de pied que les autres, parce qu'il tire beaucoup plus fur le bleu : les bruns fe font à l'aide du bois d'Inde.

Le *verd pomme* tient précifément le milieu entre le verd d'œillet & le verd céladon, & fe fait par les mêmes procédés. Tous les pieds des verds dont nous venons de parler, à l'exception du verd de mer, doivent fe donner, autant qu'il eft poffible, fur les bains d'herbe qui ont déja fervi, mais dans lefquels il n'y a point de bois d'Inde ni de fuftet, parce que la foie qui eft fortement alunée tire trop rapidement dans les bains neufs, & feroit fujette, par conféquent, à prendre une couleur mal unie. Ainfi, il eft à propos de garder toujours du vieux bain pour faire tous ces verds.

Remarques.

La gaude & la géniftrole font, comme nous avons dit, à peu-près les mêmes effets, & on les emploie prefque indifféremment, & même quelquefois mêlées enfemble. A l'égard de la farrete, il eft certain qu'elle eft préférable aux deux autres pour toutes les nuances de verd, excepté celles où l'on eft obligé de mettre du bois d'Inde, du fuftet ou du rocou.

Outre les verds que nous avons nommés, il y en a une multitude d'autres dont les noms varient fuivant les manufactures, mais qui rentrent tous dans les principales nuances dont nous avons parlé. Nous ferons feulement remarquer que pour les nuances abfolument brunes, & qui tirent prefque fur le noir, on fe fert de couperofe pour forcer la bruniture après avoir tiré les autres ingrédients. Pour les nuances très-claires des verds céladons, & autres petits verds clairs, il eft à propos que la foie ait été cuite blanche comme pour les bleues ; ces nuances légeres en font beaucoup plus gaies & tranfparentes.

De l'Olive.

Les soies destinées à être teintes en cette couleur, doivent avoir eu la cuite ordinaire.

Après un fort alunage, & avoir raffraîchi à la riviere, on les passe sur un bain bien fort de gaude, comme pour faire du jaune ; & lorsque ce bain est tiré, on y ajoute du bois d'Inde ; après le bois d'Inde tiré, on met dans le bain un peu de lessive de cendre gravelée ; cet alkali verdit la couleur, & lui fait prendre l'olive ; on passe de nouveau les soies sur ce bain, & lorsqu'elles sont à leur nuance, on les retire, on les lave, & on les met sécher sur les perches.

Au reste, il y a deux nuances d'olive, l'une *olive verte*, qui est celle dont nous venons de parler, & l'autre *olive rousse* ou *olive pourrie*. Pour cette seconde nuance, après avoir donné la gaude, on ajoute dans le bain du fustet & du bois d'Inde, sans mettre de cendre. Si on veut que la couleur soit moins rougeâtre, on ne met que du bois d'Inde, aussi sans cendre.

Pour les nuances claires de ces deux couleurs, on fait trancher le bois d'Inde, c'est-à-dire, qu'on en donne moins pour les plus claires, & davantage pour les plus foncées.

Remarques.

Quoique l'olive soit une espece de verd, on ne se sert cependant point de cuve pour le faire, parce que la couleur deviendroit trop verte. Le bois d'Inde qui naturellement donne le violet, devient beaucoup plus bleu par l'addition de la cendre gravelée, & ce bleu combiné avec le jaune de la gaude qui monte aussi par l'effet de l'alkali, donne le verd nécessaire pour cette nuance.

On fait aussi avec le fustet un olive, qui s'appelle communément *olive de drap*, parce qu'il se fait ordinairement pour assortir à l'olive en drap, lequel est plus rougeâtre que celui dont nous avons parlé ci-dessus.

Après avoir aluné les soies comme à l'ordinaire, on les passe dans un bain de fustet, auquel on ajoute de la couperose & du bois d'Inde. Lorsque ce bain est tiré, on le jette & on en fait un nouveau semblable au premier, en ayant attention de rectifier les doses des ingrédients. Si l'on s'apperçoit que la couleur pêche par quelque endroit, on y passe la soie comme sur le premier, jusqu'à la plénitude convenable. Ces deux bains doivent être d'une chaleur moyenne.

Le verd sur crud se traite comme le verd sur cuit ; il faut choisir des soies blanches comme pour le jaune, & après les avoir trempées, on les alune & on fait tout le reste comme pour le cuit.

Du Violet.

Le violet est une couleur composée de rouge & de bleu, & c'est de l'indigo dont on se sert pour donner le bleu à tous les violets ; à l'égard du rouge, c'est de la cochenille ou de plusieurs autres ingrédients qui fournissent du rouge, dont on le tire.

Le violet dont le rouge est fourni par la cochenille, est de bon teint, & se nomme *violet fin.* Celui dont le rouge est fourni par toute autre drogue, & singuliérement par l'orseille, est très-peu solide, & se nomme *violet faux.*

Du Violet fin.

On donne pour cette couleur la cuite ordinaire : ensuite on alune comme pour le cramoisi fin, & il faut avoir soin de donner deux battures en la lavant à la riviere.

Après cela, on donne le cochenillage comme pour le cramoisi, avec cette différence cependant, qu'on ne met dans le bain ni tartre, ni composition, parce que ces acides ne s'emploient dans le cramoisi, que pour exalter davantage la couleur de la cochenille, & lui donner un œil plus jaune. Pour le violet au contraire, il faut que la cochenille demeure dans sa couleur naturelle, qui est beaucoup plus violette & plus pourpre, & qui tire sur le giroflé.

On met plus ou moins de cochenille, suivant l'intensité de la nuance que l'on veut avoir. La dose ordinaire pour un beau violet, est de deux onces de cochenille pour chaque livre de soie.

Pour faire le bain de cochenille, on emplit d'eau la chaudiere destinée à faire la couleur, environ jusqu'à la moitié, & l'on y fait bouillir la cochenille à peu-près pendant un quart-d'heure. Pendant ce tems-là, on met les soies sur les bâtons par petits mateaux, comme pour donner le pied aux verds ; ensuite, on acheve d'emplir la chaudiere avec de l'eau froide, parce qu'il faut que le bain ne soit que tiéde ; on y met les soies, & aussi-tôt on les lise sur le bain avec exactitude ; si même il y avoit une vingtaine de bâtons ou plus, il faudroit nécessairement employer deux hommes pour le lisage, afin que la couleur s'unisse bien & prenne également.

Lorsque la couleur paroît unie, on pousse le feu pour faire bouillir le bain ; & alors un homme seul suffit pour continuer le lisage, qu'il faut toujours soutenir exactement tant que le bain bout, ce qui dure deux heures comme pour le cramoisi fin.

Si on voit qu'après les deux heures d'ébullition le bain n'est pas encore assez tiré, on peut mettre les soies en *soude* pendant cinq ou six heures, comme nous

nous l'avons dit en parlant du Cramoisi ; après quoi, on les lave à la riviere en leur donnant deux battures ; on les dresse ensuite, & on les passe sur une cuve plus ou moins forte, suivant la hauteur que l'on veut donner au violet.

On emploie pour le lavage & le séchage, les mêmes manœuvres que pour les bleus, les verds, & généralement pour toutes les couleurs qui passent en cuve.

Les Teinturiers sont dans l'usage d'employer un peu d'orseille dans ces couleurs, pour leur donner plus de force & de beauté. Pour donner cette orseille, on en met dans le bain de cochenille, après qu'il est tiré, la quantité qu'on juge convenable, suivant la nuance qu'on veut avoir ; on la fait bouillir environ pendant un quart-d'heure ; on laisse ensuite un peu reposer, pour donner le tems à l'orseille de tomber au fond, après quoi on lise la soie sur ce bain.

Cette méthode est condamnable, parce que la couleur de l'orseille est d'un très-faux teint, qui ne doit point avoir lieu dans une couleur fine & de bon teint, telle que l'est le violet de cochenille pure.

L'usage d'allier l'orseille avec la cochenille dans les violets fins, s'est introduit peu-à-peu, & est fondé sur ce que le rouge de la cochenille est sensiblement moins beau que celui de l'orseille dans cette couleur. Or, comme c'est toujours à l'éclat & à la beauté des couleurs, que les Manufacturiers & Marchands d'étoffes de soies donnent la préférence, en fait de teintures, ils se sont prêtés à cette manœuvre ; mais comme d'un autre côté, l'orseille ne coûte presque rien en comparaison de la cochenille, plusieurs Teinturiers ont augmenté insensiblement la dose de cet ingrédient de faux teint, & diminué celle de la cochenille à tel point, que leurs violets prétendus fins, & qu'on fait toujours payer comme tels, ne sont réellement que des especes de violets faux. Or, c'est-là un abus criant, qui, certainement mérite bien d'être réprimé ; cependant, il paroît indispensable d'admettre l'orseille dans les nuances foibles & légeres de violet, parce que la couleur que donne la cochenille dans ces nuances, est si terne & si morne qu'elle n'est point supportable. On est donc réduit à faire la dégradation des nuances légeres avec de l'orseille, qui donne toujours une couleur très-belle, quoiqu'elle soit très-mauvaise.

On a dit à l'article du Bleu, qu'on ne pouvoit faire sur la soie les nuances les plus foncées de cette couleur avec l'indigo seul, & qu'on étoit obligé d'y joindre un rouge sombre & foncé ; ce rouge peut être tiré de la cochenille, & les bleus foncés qui sont brunis par cet ingrédient, se nomment *bleus fins*, pour les distinguer de ceux qui sont brunis par l'orseille, laquelle est une drogue de faux teint : ces bleus foncés sont plutôt, comme on le voit, des especes de violets.

Le bleu fin s'alune comme le violet fin ; on le lave de même à la riviere :

après l'alunage, on le *cochenille* à la quantité d'une once ou une once & demie de cochenille, ſuivant la hauteur de la nuance que l'on veut avoir, & l'on a ſoin de mettre la ſoie par petits mateaux comme pour le violet; enſuite, on le lave en lui donnant deux battures: après quoi, il ne s'agit plus que de le paſſer ſur une cuve neuve.

Du Violet faux ou ordinaire, & des Lilas.

On fait les violets faux de pluſieurs manieres, & avec différentes eſpeces d'ingrédients, dont nous allons parler ſucceſſivement.

Les plus beaux & les plus uſités ſe font avec l'orſeille. Cet ingrédient du genre des mouſſes ou lichen, eſt une herbe, qui, dans ſon état naturel, ne fournit aucune couleur dans l'eau; on eſt obligé, pour pouvoir s'en ſervir, de développer & de diſſoudre le principe colorant qu'il contient, par le moyen d'une digeſtion & d'une eſpèce de fermentation, ſecondées par le mélange de l'urine & de la chaux. La maniere de préparer l'orſeille pour la teinture, eſt détaillée très-clairement & très-exactement dans le Traité de la Teinture des Laines, par M. Hellot. La partie colorante de cette drogue, paroît être de nature réſineuſe, puiſqu'elle ne peut ſe diſſoudre dans l'eau, que par l'intermede d'un alkali: auſſi les matieres qu'on veut teindre avec l'orſeille, n'ont aucun beſoin d'alunage. Voici comment on s'y prend pour teindre avec cet ingrédient.

On fait bouillir dans une chaudiere, de l'orſeille en quantité proportionnée à la couleur qu'on veut avoir. Si l'on veut faire un violet plein & foncé, on doit mettre une grande quantité d'orſeille, qui va quelquefois à deux ou trois & même quatre fois le poids de la ſoie, ſuivant la bonté de l'orſeille & la plénitude qu'on veut avoir.

Pendant que l'on prépare le bain d'orſeille, on donne une batture à la riviere aux ſoies ſortant de ſavon pour les en dégorger; on les écoule enſuite, & on les dreſſe, par mateaux, comme pour les violets fins. On tranſporte toute chaude la liqueur claire du bain d'orſeille, en laiſſant le marc au fond, & on la met dans une barque de grandeur convenable, ſur laquelle on liſe les ſoies avec beaucoup d'exactitude.

Lorſque la couleur eſt bien, on en fait un eſſai ſur la cuve, pour voir ſi elle eſt aſſez pleine pour prendre un beau violet très-foncé; ſi elle ſe trouve trop claire, on la repaſſe ſur le bain d'orſeille; on en ajoute même de nouvelle, ſi cela eſt néceſſaire; & quand la couleur eſt à la hauteur convenable, on lui donne une batture à la riviere, & on la paſſe en cuve comme les violets fins.

Le lavage & ſéchage ſont les mêmes, que pour toutes les couleurs qui paſsent en cuve; on distingue & on désigne, par des noms différens, les différentes nuances de violets; celle que nous venons de décrire, se nomme *violet de Hollande*: c'est la plus pleine, la plus nourrie, la plus franche, & la plus belle pour la couleur.

Le *violet d'Evêque*, qui est la seconde nuance de violet, est aussi plein de fond : mais on lui donne moins de cuve, ce qui lui conserve un œil plus rougeâtre.

Les dégradations de ces deux nuances principales se font par la même méthode avec moins de pied & de cuve; la dégradation du violet de Hollande, donne toutes les nuances des *lilas bleus*, plus ou moins pleines: celle du violet d'Evêque, donne les différentes nuances des *lilas rouges*.

Comme il faut donner le bleu avec beaucoup de ménagement dans ces lilas, & qu'ordinairement les cuves sont trop fortes, on est dans l'usage, pour se rendre maître de cette nuance, de mêler un peu de cuve neuve avec de la cendre gravelée dans de l'eau claire tiéde, pour en préparer un bain exprès, sur lequel on *bleuit* ou l'on *vire* les lilas à volonté; on doit prendre pour faire ce bain d'une cuve neuve, & dans toute sa force, parce que celles qui ont déja travaillé & qui sont fatiguées, ne donneroient, quand même on en mettroit une plus grande quantité, qu'une couleur grisâtre, & qui ne seroit pas solide.

Quand on a mis la cuve dans le bain dont nous parlons, on le brasse aussitôt: il prend une couleur verte, qui insensiblement diminue. On attend, pour y passer les soies, que ce bain ait commencé à perdre un peu de son premier verd, & se rapproche de la couleur de l'indigo, parce que si on les passoit avant ce tems, on seroit exposé à faire une couleur mal unie, attendu que lorsque ce bain est dans tout son verd, & par conséquent dans toute sa force, les premieres portions de soie qu'on y passe, se saisissent avec avidité de la couleur du bain; pendant ce tems-là, il perd de son verd, ensorte que les portions de soie qui viennent à passer ensuite dans le bain, rencontrent de la cuve qui n'a plus la même activité, & qui donne un bleu moins fort.

La cendre gravelée que l'on met dans ce bain, aide à bleuir l'orseille, parce qu'en général l'effet de tous les alkalis est de rendre tous les rouges plus violets. On ne la met pas dans le bain d'orseille, parce qu'en bouillant avec elle, elle pourroit en détruire en partie la couleur & l'effet. Nous avons prescrit un bain tiede pour virer ou bleuir; parce que l'eau trop chaude suffit toute seule pour affoiblir le pied d'orseille, & à plus forte raison, feroit-elle le même effet étant armée d'un sel alkali; on pourroit même dans le besoin se servir d'eau tiéde pour cette opération.

Quand ces couleurs sont faites, on les tord sur le bain, & ensuite sur la cheville sans les laver, parce que la plus grande partie du bleu se perdroit par le lavage : après cela, on met les ſoies ſécher dans un endroit couvert, parce que l'action de l'air ſuffiroit pour les altérer conſidérablement; les violets & lilas d'orſeille, ſur-tout quand ils ſont faits avec la meilleure eſpece d'orſeille qui croît aux Canaries, & qu'on nomme *orſeille d'herbe*, ſont de la plus grande beauté; mais ce ſont en même tems les moins ſolides de toutes les couleurs de la teinture ; non-ſeulement le moindre acide détruit abſolument ces couleurs, mais l'air ſeul les dégrade ſi promptement, qu'on eſt obligé de tenir enfermées avec le plus grand ſoin les ſoies teintes de ces couleurs, ſi l'on veut conſerver leur fraîcheur.

Du Violet de bois d'Inde.

Pour faire le violet de bois d'Inde, on prend des ſoies cuites, alunées & lavées comme à l'ordinaire.

On fait bouillir dans de l'eau du bois d'Inde réduit en copeaux, comme on a dit que cela ſe pratiquoit à l'égard du bois de Bréſil. On met cette décoction dans une tonne, pour s'en ſervir au beſoin.

Lorſqu'il eſt queſtion de teindre, on met dans une barque une quantité d'eau froide proportionnée à celle de la ſoie qu'on a à teindre ; on y ajoute, & on y mêle bien une quantité plus ou moins grande de la décoction de bois d'Inde dont nous venons de parler, ſuivant la nuance qu'on veut donner, & on liſe les ſoies à froid ſur ce bain, juſqu'à ce qu'elles aient acquis la couleur qu'on veut avoir. Elles prennent dans ce bain un violet moins beau que celui d'orſeille & un peu ſombre.

Remarques.

Le bois d'Inde ſe nomme auſſi *bois de Campêche*, parce qu'on le coupe dans le pays baigné par la baie de Campêche aux Indes Occidentales. La couleur naturelle de ce bois eſt un rouge fort brun: celui qui a le plus de couleur, qui eſt le plus ſain, & le moins chargé d'aubié eſt le meilleur. Sa décoction eſt un rouge brun & noirâtre.

Les ſoies qu'on veut teindre dans cette teinture, doivent être alunées, ſans quoi elles ne feroient que ſe barbouiller d'une couleur rougeâtre qui ne tiendroit pas même au lavage, parce que la teinture de ce bois eſt de nature extractive.

Mais lorſque les ſoies ſont alunées, elles prennent dans ce bain une couleur violette paſſablement belle, un peu plus ſolide que celle de l'orſeille, & qui tient même un peu au ſavon, lequel lui donne un œil plus bleu.

On doit faire cette teinture à froid, parce que lorſque le bain de bois d'Inde eſt chaud, la couleur qu'il donne eſt vergettée & mal unie, & d'ailleurs beaucoup plus terne & moins belle.

Par

Par la même raison, on doit avoir attention que la décoction de bois d'Inde soit faite deux ou trois jours avant de s'en servir; car si on l'employoit toute nouvellement faite, elle donneroit aussi une couleur plaquée & mal-unie. Il faut cependant observer qu'on ne peut pas garder la décoction de bois d'Inde aussi long-tems que celle du bois de Brésil, parce qu'à la longue elle s'altere & prend une espece de fond fauve qui la gâte; on doit par cette raison n'en faire à la fois que à peu-près ce qu'on en peut consommer pendant l'espace de trois semaines ou d'un mois.

Violet de bois d'Inde avec le Verd-de-gris.

On fait encore un violet de bois d'Inde avec le verd-de-gris, de la maniere suivante.

On lave d'abord les soies de leur savon, on les écoule, &c; on délaie dans de l'eau froide à peu-près une once de verd-de-gris par livre de soie: lorsqu'il est bien mêlé dans l'eau, on lise les soies sur ce bain; on les y laisse pendant environ une heure, ou pendant le tems nécessaire pour les bien imprégner de verd-de-gris; elles n'y prennent point de couleur bien sensible. Après cela, on tord les soies pour les remettre sur les bâtons. On fait un bain de bois d'Inde comme pour le violet précédent; on passe les soies, elles y prennent une couleur bleue assez foncée.

Quand les soies ont tiré ce bain, on les leve, on met dans le bain ou dans de l'eau claire de l'alun dissout dans de l'eau; on y passe les soies, & elles acquierent un rouge qui, de bleues qu'elles étoient, les rend violettes.

La quantité d'alun qu'on ajoute ainsi, est indéterminée; plus on en met, plus le violet qu'on obtient est rougeâtre. Quand elles ont acquis la couleur qu'on desire, on les tord de dessus le bain, on les lave, on les tord modérément à la cheville, on les *esgalive*, afin que la couleur demeure unie en séchant, ce qui n'arriveroit point si on les tordoit trop à sec en sortant du lavage; car alors les endroits qui auroient été plus pressés dans la torse, demeureroient plus clairs, & les autres auroient une couleur foncée & comme cuivreuse; inconvénient auquel ces couleurs de bois d'Inde sont très-sujettes. Ainsi il faut avoir la même attention pour les violets de bois d'Inde sans verd-de-gris.

Les violets de bois d'Inde au verd-de-gris dont nous venons de parler, n'ont ni plus de beauté, ni plus de solidité que ceux qui se font sans cet ingrédient. Il faut seulement observer que le verd-de-gris dont on impregne les soies, leur sert d'alunage pour tirer la teinture du bois d'Inde; qu'alors cette couleur est absolument bleue, & que l'alun qu'on ajoute après coup, ne sert qu'à donner l'œil rouge dont on a besoin dans le violet. On voit aussi par-là qu'on peut faire par le moyen du verd-de-gris & du bois d'Inde un vrai bleu; mais il est de très-faux teint, & n'eſt nullement comparable à celui de cuve, ni pour la beauté, ni pour la ſolidité.

Violet de bois de Bréſil & de bois d'Inde.

Pour faire ce violet, on prend des ſoies alunées & raffraîchies comme à l'ordinaire; on les paſſe ſur un bain de bois de Bréſil au degré de chaleur ordinaire; quand elles ont tiré ce bain, on y ajoute de la décoction de bois d'Inde, on les liſe deſſus, & lorſque la couleur eſt à la plénitude convenable, on la *vire* en ajoutant dans le bain un peu de leſſive de cendres gravelées; après quoi on lave, on tord, & on met ſécher comme à l'ordinaire.

Remarques.

Ce violet fait avec le bois de Bréſil & celui d'Inde eſt plus rouge & beaucoup plus beau que celui qui ſe fait au ſeul bois d'Inde, ſans cependant avoir plus de ſolidité; il eſt même plus ſuſceptible de l'impreſſion du ſavon.

Quoiqu'il entre deux ingrédients colorants dans ce violet, on les donne l'un après l'autre, parce que ſi on les mêloit enſemble, la couleur ſeroit plus ſujette à ſe mal unir.

Il n'eſt pas indifférent de donner d'abord le bain de bois de Bréſil, ou celui de bois d'Inde; on doit commencer par celui de bois de Bréſil, attendu qu'on a obſervé, que quand les ſoies ſont une fois chargées de teinture de bois d'Inde, elles ont beaucoup plus de peine à prendre celle de Bréſil, ce qui vient vraiſemblablement de ce que la teinture de bois d'Inde s'empare fort avidement de l'alun, & empêche qu'il n'en reſte aſſez pour bien tirer le Bréſil. D'ailleurs, il faudroit, ſi on commençoit par le bois d'Inde, donner d'abord ce bain à froid, à cauſe du mal-uni qu'il donne lorſqu'il eſt chaud, & qu'il eſt même ſujet à prendre, lorſqu'après avoir été tiré, on lui fait éprouver de la chaleur, ce qui n'arrive pas par la méthode que nous avons donnée; car il n'eſt pas néceſſaire de donner le bois d'Inde à froid dans ce procédé, comme dans les précédens, parce que comme les ſoies ſont imprégnées de la teinture du bois de Bréſil, & que leur alunage eſt devenu par-là moins fort, il n'eſt pas ſujet à donner du mal-uni, comme quand on l'emploie ſeul.

La ſeule combinaiſon de la teinture du bois d'Inde, & de celle du bois de Bréſil fait un violet; mais pour lui donner plus d'éclat, on le vire avec la cendre gravelée: elle égaie beaucoup la couleur du bois de Bréſil en la rendant plus pourpre.

Au lieu de mettre la cendre gravelée dans le bain, il eſt quelquefois à propos de faire un bain d'eau claire pour ce virage; cette pratique doit avoir lieu, lorſqu'on eſt ſujet à aſſortir la nuance, & qu'on appréhende que la ſoie ne ſe charge trop de teinture, en la laiſſant plus long-tems dans le bain.

On ſe contente ordinairement de laver ſeulement, toutes ces nuances à la riviere, ſans les battre. Il peut arriver néanmoins, qu'on ait beſoin de battre toutes ces couleurs en les lavant; on a recours à la batture, lorſqu'on juge que la couleur eſt trop brune & trop ſombre, & que cette manœuvre pourra l'éclaircir & l'égayer; de même que lorſqu'on remarque ſur les ſoies quelques limons ou impuretés, on les emporte facilement par ce moyen.

Violet de bois de Bréſil & d'Orſeille.

Pour faire ce violet, après avoir cuit & aluné la ſoie, comme pour les précédens, on la paſſe ſur un bain clair de bois de Bréſil, ou ſur un bain qui vient de ſervir à faire des rouges; & lorſqu'il eſt tiré, on bat la ſoie à la riviere; enſuite, on la paſſe ſur un bain d'orſeille, pour achever de les emplir; enſuite, on les lave une ſeconde fois en leur donnant une batture; après quoi, on les paſſe en cuve; on les tord & on les ſéche avec la même promptitude & la même exactitude que les verds & les bleus.

Ce dernier violet approche du beau violet, que nous avons nommé *violet de Hollande*, lequel ſe fait avec l'orſeille pure & la cuve. Le Bréſil qu'on lui donne avant l'orſeille, ſert pour œconomiſer l'orſeille; mais comme ces violets ſont toujours moins beaux que les violets de Hollande, il ne faut ſe ſervir de ce procédé, que pour les violets qu'on veut porter à une très-grande plénitude, & telle qu'on ne pourroit l'obtenir ſans ce ſecours. La teinture de bois de Bréſil commence à donner à la ſoie un fort pied, & n'empêche point que l'orſeille ne prenne enſuite avec autant d'activité, que ſi la ſoie n'avoit point reçu cette premiere teinture.

Ce qui empêche les violets dont nous parlons, d'avoir autant de beauté & d'éclat que les violets de Hollande, c'eſt l'alunage que l'on eſt obligé de donner pour faire tirer le Bréſil; cela vient de ce que l'alun a la propriété de faire *rancir* l'orſeille, ou de lui donner un œil jaunâtre, lequel ne convient point dans cette couleur.

Pour teindre les violets ſur crud, on prend des ſoies blanches comme pour le jaune; & après les avoir trempées, on les traite comme les violets ſur cuit, chacun ſuivant ce que ſa nuance exige: le violet fin n'eſt point d'uſage ſur crud.

Du Pourpre & du Giroflé. Du Pourpre fin ou à la Cochenille.

La ſoie ſe cuit pour cette couleur en cuite ordinaire, & s'alune comme les violets fins. Le cochenillage ſe fait auſſi comme pour le violet fin. La doſe ordinaire de cochenille eſt de deux onces; mais on ſent bien qu'il en faut mettre plus ou moins, ſuivant la nuance que l'on veut avoir. Quand la ſoie a bouilli dans le bain de cochenille pendant deux heures, on la retire, on la lave, & on la bat à la riviere. Si l'on veut un pourpre plus violet, ou qui tire davantage ſur le bleu, il ne s'agit que de paſſer cette ſoie ſur une cuve foible. Dans ce cas, il faut avoir attention, comme nous l'avons dit, de tordre & ſécher très-promptement : cette précaution étant abſolument néceſſaire, pour toutes les couleurs qui ſe paſſent en cuve. Au reſte, on ne paſſe en cuve que les pourpres les plus bruns & les plus foncés ; les autres ſe paſſent ſur de l'eau froide, dans laquelle on met un peu du bain de cuve, parce qu'ils prendroient toujours trop de bleu ſur la cuve même, quelque foible qu'elle pût être.

Pour aider à virer toutes ces couleurs, on peut mettre une petite quantité d'arſenic dans le bain de cochenille : on en met ordinairement environ une demi-once, pour chaque livre de cochenille.

Les clairs de cette couleur ſe font préciſément de même, en obſervant de mettre moins de cochenille. Les nuances d'au-deſſous du pourpre, ſont celles qu'on nomme *giroflé* & *gris-de-lin* ; & celles au-deſſous du gris-de-lin, prennent le nom de *fleurs de pêcher* ; le giroflé ſe fait ſans virage, & de même les autres nuances, à moins qu'on ne les trouve trop rouges : dans ce cas, on les vire par un peu de bain de cuve.

Du Pourpre faux.

Les pourpres faux s'alunent, comme pour les couleurs ordinaires de Bréſil ; on leur donne un bain léger de bois de Bréſil, enſuite on leur donne une batture à la riviere ; après quoi, on les paſſe ſur un bain d'orſeille plus ou moins fort, ſuivant la nuance qu'on veut faire. Le Bréſil qu'on donne avant l'orſeille eſt néceſſaire, parce que l'orſeille toute ſeule feroit une couleur trop violette.

Pour brunir les nuances foncées, on emploie le bois d'Inde, qui ſe met ou dans le bain de Bréſil, ſi l'on veut brunir beaucoup, ou dans le bain d'orſeille, ſi l'on veut moins brunir.

Les clairs de cette nuance peuvent ſe faire avec le Bréſil ſeul, en les virant enſuite ſur de l'eau claire, dans laquelle on met du bain de cendre gravelée ; mais comme cette méthode a l'inconvénient de durcir un peu la ſoie, il vaut mieux leur donner un petit bain d'orſeille après le Bréſil ; ſi la couleur ſe trouvoit un peu trop violette, on la ranciroit ſur de l'eau, dans laquelle on auroit mis très-peu de vinaigre ou de jus de citron.

Le giroflé faux ſe fait dans le bain d'orſeille, ſans donner auparavant la teinture de bois de Bréſil comme pour les pourpres ; ainſi, il ne faut point les aluner : s'ils ne ſe trouvent point aſſez violets, on leur donne un peu de bain de cendre gravelée ſur de l'eau : les clairs ſe font de même en employant des bains moins forts.

Le

Le pourpre fin & le giroflé fin ne sont point d'usage sur crud. A l'égard de ces nuances en faux, on prend pour les faire des soies blanches, comme pour les couleurs ordinaires; & après les avoir trempées, on les traite comme les soies cuites.

Du Marron, Canelle, Lie de Vin.

Les couleurs de canelle & de marron, se font avec les bois d'Inde, de Brésil & de fustet.

Pour faire le canelle, on cuit les soies à l'ordinaire; on les alune, & on fait un bain d'une décoction des trois bois dont nous venons de parler, faite séparément: le fond du bain est la décoction de fustet; & on y ajoute environ un quart de jus de Brésil, & à peu-près un huitieme de jus de bois d'Inde.

Le bain doit être d'une chaleur tempérée. On lise les soies sur ce bain, & lorsqu'il est tiré & que la couleur est unie, on les tord à la main; on les remet sur les bâtons, & on refait un second bain, dans lequel on arrange toutes les proportions de ces trois ingrédients colorans, d'après l'effet qu'ils ont produit d'abord, pour obtenir au juste la nuance qu'on desire. Il est aisé de sentir que le fustet fournit le jaune; le bois de Brésil, le rouge; & le bois d'Inde, le brun dont ces couleurs sont composées.

Les marrons se font précisément de même, à l'exception que comme ces dernieres nuances sont beaucoup plus brunes, plus foncées & moins rouges, on fait dominer dans ce cas le bois d'Inde sur celui de Brésil, en gardant toujours la même proportion de celui de fustet, qui doit faire également le fond de l'une ou de l'autre de ces couleurs. Les *jus de prune* & *lie de vin* se font aussi de la même maniere, & avec les mêmes ingrédients, en en changeant seulement la proportion, c'est-à-dire, en diminuant la quantité de fustet, & augmentant celles de Brésil & de bois d'Inde, suivant qu'on en a besoin.

Remarques.

Il ne faut faire la décoction du bois de fustet, que quand on a besoin de s'en servir, parce que cette décoction se gâte & s'altère en assez peu de tems; elle devient limoneuse, sa couleur se ternit, prend un ton olivâtre, & ne produit plus les effets qu'on en attend. Si cependant il arrivoit qu'on eût une ancienne décoction de ce bois ainsi altérée, on pourroit lui rendre presque toute sa qualité en la faisant réchauffer; & alors elle pourroit être employée assez bien dans les nuances dont nous parlons.

Plusieurs Teinturiers sont dans l'usage de laver les soies de leur alun à la riviere, avant de les mettre dans le bain, & de faire ces couleurs en un seul bain. Mais le procédé qu'on vient de décrire paroît préférable, parce que le premier bain fait un lavage suffisant de l'alun, & que les soies par cette méthode conservant plus d'alun, prennent mieux la quantité de teinture dont on a besoin. D'ailleurs, comme toutes ces nuances ne peuvent se faire que par un tâtonnement continuel, le second bain est très-utile, pour rectifier les défauts qu'on pourroit avoir eus dans le premier, & pour achever d'emplir la couleur, sur-tout de son fond de fustet, qui demande à ne point perdre d'alun, pour pouvoir monter suffisamment.

On pourroit faire les canelles & marrons par une autre méthode. Pour cela, lorsque les soies sont cuites, il faudroit faire refondre des marcs de rocou dans le même savon qui a servi pour la cuite, en le passant, comme il a été dit ci-devant, dans le pot au rocou; & lorsque ces marcs de rocou auroient bouilli pendant environ un quart-d'heure, il faudroit laisser reposer le bain, & liser ensuite les soies sur ce bain sans les avoir lavées. Elles prendroient un pied de jaune; ensuite, il faudroit les laver, les battre à la riviere, & les mettre en alun comme à l'ordinaire. Après quoi, on leur donneroit le bain de fustet, Brésil, & bois d'Inde pour les canelles; & pour les marrons, on ne mettroit point de Brésil qu'après avoir vû si la couleur n'est point assez rouge; attendu que l'alunage rougit considérablement le rocou. S'il arrivoit même qu'elle devînt encore trop rouge, quoiqu'on n'eût pas mis de Brésil, on mettroit dans le bain un peu de dissolution de couperose qui *rabattroit* le rouge, & lui donneroit un œil plus verdâtre, & en même-tems bruniroit la couleur assez considérablement, sur-tout s'il y avoit une certaine quantité de bois d'Inde; ainsi, il seroit à propos de ménager le bois d'Inde, pour être à portée de donner de la couperose, si le marron rougissoit trop à cause du rocou.

Cette méthode seroit plus avantageuse que la premiere, attendu que le rocou rougi par l'alun, est beaucoup plus solide que le rouge de Brésil. Au reste, on pourroit donner un peu de rocou sans savon, comme pour les ratines.

Pour faire le marron & les autres couleurs brunes sur crud, on peut employer des soies jaunes, telles que la nature les donne, parce que ce fond n'est point nuisible à ces sortes de nuances, & qu'au contraire il peut leur tenir lieu de fond. Après les avoir trempées, comme à l'ordinaire, on les traite comme les soies cuites, chacune suivant leurs nuances.

Des Gris-Noisette, Gris-d'Epine, Gris-de-Maure, Gris-de-Fer, & autres couleurs de ce genre.

TOUTES ces couleurs, excepté le gris-de-maure, se font sans alunage. Après avoir lavé les soies de savon, & les avoir écoulées à la cheville, on leur fait un bain avec fustet, bois d'Inde, orseille & couperose verte. Le fustet sert à donner le fond, l'orseille donne le rouge, le bois d'Inde donne la bruniture, & la couperose rabat toutes ces couleurs, c'est-à-dire, qu'elle fait tourner le bain au gris; elle tient aussi lieu d'alun, pour faire tirer les couleurs qui en ont besoin, & pour les assurer. Comme il y a une variété infinie de gris qui n'ont point de noms fixes, & qu'ils se font tous par la même méthode, on n'entrera point dans ce détail, qui allongeroit inutilement ce Traité.

On se contente d'observer ici, que pour faire les gris qui tirent sur le rougeâtre, on donne plus d'orseille; que pour ceux qui tirent plus sur le gris, on donne une plus grande quantité de bois d'Inde; que pour ceux qui tirent davantage sur le roux & le verdâtre, on donne une plus grande quantité de fustet.

En général, il faut donner le bois d'Inde avec beaucoup de ménagement, lorsque l'on est obligé d'en ajouter pour finir la couleur, parce qu'il est sujet à brunir beaucoup en séchant, faisant à cet égard tout le contraire des autres couleurs.

Pour donner un exemple de la maniere de faire ces couleurs, nous prenons le noisette.

On met dans de l'eau modérément chaude de la décoction de fustet, de l'orseille, & un peu de bois d'Inde. On lise les soies sur ce bain, & lorsqu'il est suffisamment tiré on les leve, & l'on ajoute au bain de la dissolution de couperose pour rabattre la couleur. Quelques Teinturiers se servent pour rabattre tous les gris, de lavûre de noir, au lieu de couperose. On lise les soies de nouveau; & si l'on s'apperçoit que la couleur ne s'unisse point suffisamment, & qu'il y reste des endroits rouges, c'est une preuve qu'elle n'est point assez rabattue: ainsi il faut lui redonner de la couperose.

Il faut faire attention, que la couperose est la base générale du gris; ainsi, lorsque la couleur n'est pas assez rabattue, c'est-à-dire, quand on ne lui a point donné assez de couperose, elle est sujette à changer en séchant: elle se vergette ou se mal unit.

Pour voir si une couleur est assez rabattue, il faut examiner si elle se trempe aisément après qu'on lui a donné un coup de cheville. Si cela lui arrive, c'est une preuve qu'elle n'a point encore assez de couperose; si au contraire la soie a un peu de peine à tremper, c'est une preuve que la couleur est assez rabattue.

D'un autre côté, si on donnoit trop de couperose, cela durciroit considérablement la soie; elle deviendroit âcre, & perdroit même une partie de son lustre. Mais comme on s'apperçoit de cet inconvénient, lorsque l'on tord les soies sur la cheville au sortir du bain, on y remédie aussi-tôt en les battant à la riviere: ce qui ôte une partie de la couperose.

Le gris-de-maure fait une classe à part, parce qu'il s'alune, & qu'on lui donne de la gaude. Après avoir aluné, on raffraîchit les soies à la riviere, & on fait un bain de gaude comme un premier bain de jaune. Lorsque la soie a tiré cette gaude, on jette une partie du bain, & l'on y substitue du jus de bois d'Inde. On lise la soie de nouveau sur ce bain, & lorsque le bois d'Inde est tiré, on y met de la couperose en suffisante quantité pour faire tirer la couleur sur le noir: lorsque la soie est à sa nuance, on la lave, on la tord, & l'on fait le reste comme à l'ordinaire.

Pour le gris-de-fer, il faut donner la cuite comme pour le bleu, parce qu'étant assis sur un fond bien blanc, la couleur en devient beaucoup plus belle. Comme le gris-de-fer est plus usité pour faire des Bas que pour toutes autres choses; cette couleur se fait ordinairement par nuances, c'est-à-dire, qu'on en fait en même tems plusieurs nuances différentes.

Les soies ayant été lavées & préparées comme à l'ordinaire, on fait un bain d'eau de riviere, ou si l'on veut, d'eau de puits; & l'un & l'autre se font à froid.

Si le bain se fait à l'eau de riviere, on y met du jus de bois d'Inde fait par de l'eau de riviere en suffisante quantité pour atteindre la nuance la plus brune que l'on veut avoir. On lise les soies dessus, & lorsqu'elles ont tiré suffisamment, on les tord, & on les met en *têtes*. Ensuite on jette une portion du bain, & on le remplit d'eau, pour passer dessus la nuance suivante, & ainsi des autres jusqu'à la plus claire, ayant soin de les faire trancher également, c'est-à-dire, qu'il faut mettre une égale distance entre toutes les nuances.

Lorsqu'elles sont toutes faites sur le bois d'Inde, on reprend la plus brune, & on la remet en bâtons pour la passer de nouveau sur le bain, après y avoir ajouté de la couperose. Les autres plus claires se passent sur ce même bain, sans y remettre de couperose. Si cependant il arrivoit que la seconde nuance ne fût point assez rabattue, on y remettroit de la couperose; on s'apperçoit de ce défaut après avoir donné quelques lises, parce que dans ce cas, la couleur ne s'unit pas bien, comme il a été observé ci-dessus.

Lorsqu'on vient au dernier clair, il faut prendre garde si le bain ne se trouve point trop chargé de couperose, ce qu'on apperçoit par l'œil roussâtre que la couleur prend; s'il se trouvoit dans ces cas, il faudroit jetter une portion du bain, & mettre de l'eau à la place. Quand ces couleurs ont trop de couperose, elles tombent dans le même inconvénient que les précédentes.

Si le bain se fait à l'eau de puits, on emploie, pour le faire, une décoction de bois d'Inde faite à l'eau de puits. On met de ce jus de bois d'Inde dans le bain, & l'on y passe les nuances brunes les premieres, comme dans le procédé décrit ci-dessus; après qu'ils ont tiré suffisamment, on les retire, & on y passe les nuances suivantes, sans jetter du bain, parce qu'il se trouve beaucoup mieux tiré, & par

par conséquent beaucoup plus clair & moins chargé, que quand la couleur se fait à l'eau de riviere.

Quand toutes les nuances sont faites, on les rabat avec la couperose, par la même méthode qu'on a expliquée ci-dessus. Après cela, on les lave en leur donnant une batture, si l'on juge qu'elle soit nécessaire.

Pour décharger les grisailles, de même que les marrons, canelles, &c, c'est-à-dire, lorsque la nuance s'en trouve trop pleine & trop brune, on pile du tartre dans un mortier, on le passe au tamis, on le met dans un seau ou petit baquet, & on jette dessus de l'eau bouillante. Ensuite on prend le clair de cette eau qu'on met dans une barque, on lise les soies dessus, & cette opération décharge la couleur très-promptement.

Si la couleur ne s'unit point très-promptement, c'est qu'il n'y a point assez de tartre ; ainsi il faut lever les soies, & redonner de ces ingrédients par la même méthode dont nous venons de parler.

Lorsque les soies sont déchargées du superflu de leur couleur, il faut leur donner une batture à la riviere, & ensuite les passer sur de l'eau chaude sans aucune addition. Cette derniere opération leur fait reprendre une partie de la nuance qu'elles avoient perdue par le tartre ; & pour voir si la couleur est bien, on donne un coup de cheville.

Comme il arrive presque toujours que le tartre a mangé quelqu'une des portions de la couleur, il faut refaire un bain neuf pour redonner ce qui peut y manquer, & rabattre ensuite par la couperose comme à l'ordinaire.

Quand c'est une couleur alunée, on peut éviter de la passer sur l'eau chaude après la batture ; on la remet aluner tout de suite, & on lui donne ce qui lui est nécessaire pour la rétablir ; mais l'échaudage est toujours utile pour ôter l'âcreté que le tartre donne à la soie. Au lieu de tartre, on pourroit employer du jus de citron qui feroit le même effet.

Pour décharger les gris-de-fer quand ils se trouvent trop foncés, il faut les mettre au soufre ; ensuite les désoufrer par une ou deux battures à la riviere, & les refaire sur un bain semblable au premier.

Cette maniere de décharger les gris-de-fer est préférable à celle du tartre ou du jus de citron, parce que ces ingrédients leur donnent un fond qui ne s'en va point entiérement, même au débouilli du savon, & qui par conséquent gâte la couleur ; au lieu que le soufre blanchit presque entiérement la soie, en mangeant totalement le bois d'Inde.

Pour faire les gris sur crud, on prend des soies blanches comme pour les couleurs ordinaires, à l'exception du gris-de-maure, pour lequel on peut se servir de soie jaune. Après avoir fait tremper les soies crues, on les traite pour toutes ces nuances comme les soies cuites.

Du Noir.

Le noir est une couleur difficile à faire sur la soie : du moins il y a lieu de croire que ce n'est qu'après bien des expériences & des recherches, qu'on est parvenu à faire de belles teintures noires; si l'on en juge par la multitude d'ingrédients qu'on fait entrer dans la composition de cette couleur.

En général, toute teinture noire est composée, pour le fond, des ingrédients avec lesquels on fait l'encre à écrire; c'est toujours du fer dissout par des acides, & précipité par des matieres astringentes végétales.

Les diverses manufactures ont différentes méthodes de faire le noir; mais elles reviennent toutes à peu-près au même pour le fond: nous allons donner ici, pour faire cette couleur, un procédé qui est en usage dans plusieurs bons atteliers, & qui nous a bien réussi, quoiqu'il paroisse qu'il entre dans la recette beaucoup d'ingrédients superflus.

Il faut prendre vingt pintes de fort vinaigre, le mettre dans un bacquet, & y faire infuser à froid une livre de noix de galle noire, pilée & passée au tamis, avec cinq livres de limaille de fer bien propre, & qui ne soit point rouillée. Pendant que cette infusion se fait, on nettoye la chaudiere où l'on veut poser le *pied* de noir, & l'on pile les Drogues suivantes :

SCAVOIR,

8 livres de Noix de Galle noire.
8 de Cumin.
4 de Sumac.
12 d'Ecorces de Grenade.
4 de Coloquinte.
3 livres d'Agaric.
2 de Coques du Levant.
10 de Nerprun, ou de petits Pruneaux noirs.
6 de Graine de *Psillium* ou de Graine de lin.

On se sert, pour faire bouillir toutes ces drogues, d'une chaudiere qui tient la moitié de celle où l'on veut faire le pied de noir, & on l'emplit d'eau; on y jette ensuite vingt livres de bois de Campêche haché, qu'on a soin de mettre dans un sac de toile, afin de pouvoir le retirer commodément; si on n'aime mieux le retirer avec un cassin percé ou autrement, parce qu'il faut le faire bouillir une seconde fois, ainsi que les autres drogues.

Quand le bois d'Inde a bouilli environ pendant une heure, on l'ôte, & on le conserve proprement. Pour lors, on jette dans la décoction du bois d'Inde, toutes les drogues ci-dessus mentionnées, & on les y fait bouillir l'espace d'une bonne heure, ayant attention de rabaisser de tems en tems le bouillon avec de l'eau froide, lorsque le bain menace de s'enfuir.

Quand cette opération est finie, on coule le bain dans une barque au travers d'un tamis ou d'une toile, pour qu'il ne passe point de gros marc, & on le laisse reposer; il faut avoir soin de conserver le marc de toutes ces drogues, pour le faire bouillir une seconde fois.

On met alors dans la chaudiere destinée au pied de noir le vinaigre chargé de sa noix de galle, & de sa limaille de fer; & on y verse le bain où ont bouilli toutes les drogues dont nous venons de parler; ensuite on met dessous un peu de feu, & on y jette aussi-tôt les ingrédients suivants:

SCAVOIR,

20 livres	de Gomme Arabique pilée & écrasée.	20 livres	de Couperose verte.
3	de Réalgar.	2	d'Ecume de Sucre candi.
1	de Sel ammoniac.	10	de Cassonade.
1	de Sel gemme.	4	de Litarge d'or ou d'argent pilée.
1	de Crystal minéral.	5	d'Antimoine pilé.
1	d'Arsénic blanc pilé.	2	de *Plumbago*, ou Plomb de mer pilé.
1	de Sublimé corrosif.	2	d'Orpiment pilé.

Il faut que toutes les drogues pilées soient passées au tamis, à l'exception de la gomme Arabique qui doit être seulement concassée.

Au lieu de gomme Arabique, on peut employer de la gomme de pays qu'on fait fondre de la maniere suivante. On met de la décoction de bois d'Inde dans une chaudiere; & après l'avoir fait chauffer, on y plonge un tamis de cuivre en forme d'œuf, dont l'ouverture est par le gros bout. Voyez cet ustensile en F, *Planche VI. Fig.* 2. C'est par cette ouverture qu'on met la gomme de pays dans ce tamis. A mesure que le bain chauffe, la gomme s'y détrempe; & pour la faire passer à travers les trous, on la foule avec un pilon de bois, à mesure qu'elle s'échauffe. Lorsqu'elle est passée toute entiere de la sorte à travers les trous, on place dans le pied de noir un autre tamis de cuivre dont les trous sont beaucoup plus petits que ceux du premier, & assez fins pour empêcher que les petits morceaux de bois qui se trouvent dans la gomme de pays ne puissent passer dans le bain; on verse dans ce tamis le bain où l'on a fondu la gomme, & on l'y passe comme on l'a fait la premiere, à l'aide du pilon de bois. Pour faciliter cette opération, on retire de tems en tems le tamis, on le pose sur une planche placée en travers sur la chaudiere, ou on le suspend à la cheville qui est au-dessus de la chaudiere, & qui sert à tordre le noir; & on y foule la gomme assez fort pour la disposer à passer entiérement à travers les petits trous de ce tamis.

La gomme fondroit encore plus aisément si on la mettoit tremper quelques jours auparavant dans la décoction de bois d'Inde qu'on auroit eu soin de verser dessus toute chaude.

Lorsque les ingrédients dont on vient de parler, sont dans le pied de noir, il faut avoir soin de donner une chaleur suffisante pour faire fondre la gomme Arabique, supposé qu'on l'ait employée, & les sels; mais il ne faut jamais laisser bouillir ce bain. Quand le bain est suffisamment chaud, on ôte le feu, & on saupoudre de la limaille bien propre en quantité suffisante pour couvrir le bain.

Le lendemain on remet le feu ſous la chaudiere où l'on a fait bouillir les drogues, & l'on y fait rebouillir le bois d'Inde dont on s'eſt déja ſervi ; on le retire enſuite, & l'on met dans cette ſeconde décoction les drogues ci-après:

SÇAVOIR,

2 livres de Noix de Galle noire pilée.	1 livre de Coloquinte pilée.
4 de Sumac.	2 d'Agaric pilé.
4 de Cumin.	2 de Coques du Levant pilées.
5 de Nerprun.	5 de *Pſillium* ou de Graine de lin.
6 d'Ecorces de Grenades pilées.	

On fait bouillir toutes ces drogues ; on paſſe le bain, on le verſe dans le pied de noir, comme il a été dit ci-deſſus, & l'on garde le marc. On met un peu de feu ſous la chaudiere, comme la premiere fois, & l'on y met auſſi-tôt les drogues ſuivantes :

SÇAVOIR,

8 onces de Litarge d'or ou d'argent pilée.	8 onces de Fénugrec.
8 d'Antimoine pilé.	8 de Sublimé corroſif.
8 de Plomb de mer auſſi pilé.	6 livres de Couperoſe.
8 d'Arſénic blanc pilé.	20 de Gomme Arabique ou de pays. *Cette derniere préparée comme on l'a dit ci-deſſus.*
8 de Cryſtal minéral.	
8 de Sel Gemme.	

Quand le bain eſt devenu ſuffiſamment chaud, on retire le feu ; on couvre le bain, comme les premieres fois, avec de la limaille, & on le laiſſe repoſer deux ou trois jours.

Au bout de ce tems, on pile deux livres de verd-de-gris, qu'on délaye avec ſix pintes de vinaigre dans un pot de terre, & on y ajoute environ une once de crême de tartre : on fait bouillir le tout pendant une bonne heure, ayant attention de rabattre le bouillon avec du vinaigre froid, lorſqu'il veut s'enfuir, & l'on garde cette préparation pour la mettre dans le noir, lorſqu'on veut teindre.

Pour teindre en noir, on donne aux ſoies la cuite ordinaire ; & après les avoir lavées & battues à l'ordinaire, on leur donne *l'engallage*, qui ſe fait deux fois pour les *noirs peſants*, & une fois ſeulement pour les noirs *légers*. Ces deux noirs ne different point l'un de l'autre pour la beauté ni pour la nuance ; ils ne different que pour le poids que prend la ſoie : cependant le noir léger a plus de luſtre.

Le bain de Galle ſe fait de la maniere ſuivante : On prend pour chaque livre de ſoie que l'on a à teindre en noir, trois quarterons de noix de galle légere, ou ſi l'on veut, de *gallon*. La *galle légere* eſt ainſi nommée, parce qu'elle eſt effectivement beaucoup plus légere que la galle qu'on emploie ordinairement ; elle eſt auſſi plus ronde, plus groſſe, & moins épineuſe. Le gallon différe de la galle

ordinaire

ordinaire en ce qu'il n'a point une forme déterminée ; il est ordinairement plus long & plus anguleux ; il a à peu-près la même couleur, mais un peu plus brune que la galle légere : on nous l'apporte ordinairement broyé grossiérement. Il faut joindre à ces trois quarterons de galle légere ou de gallon, un quarteron de galle noire fine, qu'on appelle *galle d'Alep*. On pile toute cette galle, & ensuite on la fait bouillir pendant deux heures & plus dans la quantité d'eau nécessaire pour faire un bain assez grand pour les soies que l'on a à engaller. Comme le bain diminue beaucoup en bouillant, on le remplit au bout d'une heure : après les deux heures, on retire le feu de dessous la chaudiere ; on laisse reposer le bain, pour retirer la galle par le moyen d'un cassin percé, & une heure après on peut y mettre les soies que l'on a préparées de la maniere suivante.

Pendant que la galle bout, on écoule les soies sur la cheville, on les met en corde comme pour la cuite, sans être *voltées* que très-légérement. Pour lors, on les plonge dans l'engallage, en mettant les cordées les unes par-dessus les autres ; mais il faut avoir attention qu'elles ne *veillent* point, c'est-à-dire, qu'elles ne passent point la superficie de l'eau, & qu'elles en soient entiérement couvertes. On les laisse ainsi douze ou quinze heures, & au bout de ce tems, on les releve, on les lave à la riviere, & si on les destine au noir pesant, on les engalle une seconde fois avec un engallage neuf, semblable au premier. Mais on se sert ordinairement de ces fonds de galle, pour faire le premier *engallage*, & on se sert de drogues neuves pour le second.

Quelques Teinturiers ont la méthode de n'engaller qu'une fois le noir pesant, en faisant bouillir les vieux fonds qu'ils retirent ensuite ; après quoi, ils mettent de la galle neuve bouillir dans le même bain, en ajoutant, pour chaque livre de soie, une livre de gallon ou de galle légere, & une demi-livre de galle noire fine ; ils font bouillir toute cette galle neuve pendant deux heures & plus ; & après en avoir retiré les fonds, ils mettent les soies à l'engallage, & les y laissent un jour & une nuit.

Ils prétendent que cette méthode est préférable, parce que, disent-ils, lorsqu'on laisse le marc de la galle dans le bain, elle repompe une partie de la substance qu'elle avoit donnée dans l'eau.

Lorsque les soies sont engallées, on met du feu sous le pied de noir ; & pendant qu'il chauffe, on tord les soies qu'on a retirées de l'engallage, & on leur donne une batture à la riviere.

Lorsqu'elles sont lavées, on les écoule sur la cheville, & on passe un fil autour de chaque mateau, lequel mateau doit être de la même grosseur que pour les couleurs ordinaires : ensuite on les met en bâtons.

A mesure que le noir chauffe, on a soin de le remuer avec une ratissoire de fer, pour empêcher que les marcs ne s'attachent au fond de la chaudiere ;

après avoir donné quelques coups de rable, on y fond de la gomme de pays, par la méthode que nous avons prescrite, jusqu'à ce qu'on s'apperçoive que la gomme monte sur le bain, comme une espece de croûte qui couvre le bain : si mieux on n'aime y jetter cinq ou six livres de gomme Arabique pilée ; ensuite, on jette encore dans le bain deux ou trois poignées de *psillium*. Alors on met dans le bain la moitié de la préparation de vinaigre & de verd-de-gris, avec environ quatre ou cinq livres de couperose ; ce qu'on a soin de faire à chaque feu, c'est-à-dire, chaque fois que l'on fait chauffer le noir pour y teindre.

Il faut avoir soin de *rabler* pendant que le feu est sous la chaudiere ; & pour voir si le noir est assez chaud, on tourne le rable debout, appuyé sur le fond de la chaudiere ; si la gomme s'attache autour du bâton, & que le bain ne se découvre point dans le milieu de son écume de gomme, c'est une preuve qu'il est assez chaud ; & pour lors on retire le feu, parce que, comme nous l'avons déja dit, il ne faut point que ce pied de noir bouille jamais. On retire aussi le rable, & l'on couvre le bain de limaille, de la même maniere qu'on a fait ci-devant ; ensuite on le laisse reposer environ une heure, & au bout de ce tems on remue la superficie du bain avec un bâton, pour faire précipiter la limaille.

Avant d'expliquer la maniere de passer les soies dans le bain de noir, il est à propos de dire que cette couleur ne se fait que par *chaudrées*, c'est-à-dire, que les Teinturiers en soie ne teignent en noir, que lorsqu'ils ont une suffisante quantité de soie pour faire trois passes, si c'est du noir pesant ; ou deux passes, si c'est du noir léger : & voici comment tout cela se pratique.

Lorsqu'on fait du noir pesant, on met en bâtons le tiers de la soie qu'on a à teindre, & on lui donne trois lises sur le pied de noir ; après quoi, on tord les soies à une cheville ou espart, au-dessus de la chaudiere ; on lui donne pour cela trois coups de torse ; on peut tordre ainsi trois mateaux à la fois, parce que c'est une torse foible & seulement pour écouler ; on les remet ensuite en bâtons, & on les jette sur deux perches pour les faire éventer : cela s'appelle les mettre au *vergue* ou sur le *vergue*.

Pendant que ces premieres soies s'éventent, on passe sur la chaudiere le second tiers, de la même maniere que le premier, & de suite le troisieme tiers, toujours par la même méthode ; il faut observer que pendant que ces soies sont sur le vergue, on doit les retourner de tems-en-tems pour les éventer.

Lorsque le troisieme tiers est tors, on y remet le premier, & successivement les deux autres jusqu'à trois fois, en faisant toujours éventer à chaque fois. Cela s'appelle communément *donner trois torses*, & les trois torses font ce qu'on appelle *un feu*.

A l'égard du noir léger, on lui donne de même trois torses par feu.

Après chaque feu, on *réchauffe* le pied de noir, en y remettant de la couperose

& de la gomme, comme il a été dit. On fait cette opération trois fois pour les noirs pesants, c'est-à-dire, qu'on leur donne trois feux, composés chacun de trois torses ; & deux fois pour les noirs légers, c'est-à-dire, qu'on ne leur donne que deux feux, composés aussi chacun de trois torses.

Il faut observer que chaque fois qu'on réchauffe, il est nécessaire de changer l'ordre des passes, ensorte que chacune soit mise à son tour la premiere sur le bain, ensuite la seconde, & ensuite la troisieme, afin qu'elles éprouvent toutes la même force de teinture. Dans le cas où l'on auroit trois passes de noir léger à faire, il faudroit observer d'en faire toujours passer une en second, & les deux autres alternativement en premier & en dernier. Il faut remarquer enfin, que lorsque le noir est bien bon & qu'il teint fortement, on peut faire le noir pésant en deux feux seulement, & ménager une torse sur chaque feu au noir léger.

Le noir étant achevé, on met de l'eau froide dans une barque, & on lise les passes dessus, l'une après l'autre : cela s'appelle *disbroder*, & l'eau de la lavûre se nomme *disbrodure de noir*. Après cela, on les volte pour les aller laver à la riviere, où on leur donne deux ou trois battures. Lorsqu'elles sont lavées, on les met en cordes simples, ayant soin de ne les pas beaucoup volter.

Adoucissage du Noir.

La soie en sortant de la teinture en noir a beaucoup d'âpreté, ce qui n'est point étonnant, vû la quantité de drogues acides & même corrosives qui entrent dans cette teinture : on est donc obligé de l'adoucir, ce qui se fait de la maniere suivante :

On fait dissoudre environ quatre ou cinq livres de savon dans deux seaux d'eau bouillante ; & pendant que le savon bout & se dissout dans l'eau, on y jette une poignée d'anis ou de quelque autre plante aromatique ; on fait bouillir jusqu'à ce que le savon soit entiérement fondu ; on a soin, pendant ce tems, d'emplir d'eau froide une barque assez grande, pour pouvoir y passer toutes les soies à la fois. On y coule l'eau de savon à travers une toile ; on mêle bien le tout ; on y met les soies, & on les y laisse environ pendant un bon quart-d'heure. Après cela, on les leve, on les tord sur l'espart, pour les mettre sécher à l'ordinaire ; la quantité de savon ne peut point faire de mal : c'est pourquoi, il vaut mieux en mettre plus que moins. Cet adoucissage est nécessaire pour ôter, comme on l'a dit, aux soies teintes en noir, un cri & une âpreté qui nuiroit à la fabrique.

Noir sur crud.

Pour teindre en noir la soie crue, on l'engalle à froid sur le bain de galle neuve, qui a servi pour le noir en soie cuite ; on prend pour cette couleur, des ſoies qui ont leur jaune naturel, parce que les blanches prennent un œil moins beau.

Après avoir dénoué les ſoies, & les avoir miſes en mateaux de groſſeur ordinaire, on les trempe à la main dans le bain de galle dont nous venons de parler ; lorſqu'elles ſont trempées, on les volte un peu ; & enſuite on les met en corde, par huit ou dix mateaux.

Après cela, on les met dans le bain de galle, les cordées les unes ſur les autres, en laiſſant même aller les cordes dans le bain. On les laiſſe pendant ſix ou ſept jours dans ce bain de galle froid ; on les leve enſuite, & on leur donne une batture à la riviere. Au reſte, le tems de laiſſer dans l'engallage dépend de la force du bain de galle, & de la quantité de ſoie qu'on y met ; mais quelque fort que ſoit l'engallage, & quelque petite que ſoit la quantité de ſoie, on ne peut pas moins l'y laiſſer que deux ou trois jours.

Lorſque les ſoies ſont lavées, on les remet en corde, on les laiſſe égouter ; & après, on met les cordées les unes ſur les autres dans *la disbrodure* ou lavûre du noir : elle ſuffit pour les teindre ; mais ſuivant le plus ou moins de force de la diſbrodure, il faut plus ou moins de tems : cela va ordinairement à trois ou quatre jours. Pendant que les ſoies ſont dans la diſbrodure, il faut les lever ſur des bâtons ou ſur un baillard, trois ou quatre fois par jour ; on les y laiſſe égouter ; & quand elles ſont égoutées, on les met à terre dans un lieu propre, & on les y étend pour les éventer, & leur faire prendre l'air ſans ſécher : ce qui eſt abſolument néceſſaire, pour faire paroître le noir ; ſans cela, les ſoies ne prendroient qu'une eſpece de gris-de-maure ; mais ce gris noircit à l'air, & pour lors on peut juger du degré de teinture que la ſoie a pris, & de celui qu'il faut lui faire prendre encore. Si on laiſſoit ſécher les ſoies, il faudroit les retremper avant de les remettre dans le bain, ce qui feroit une main-d'œuvre de plus. On continue cette opération de lever & éventer ſucceſſivement, juſqu'à ce que les ſoies ſoient ſuffiſamment noires.

Lorſqu'elles ſont dans cet état, on va les laver à la riviere, en leur donnant une ou deux battures ; après quoi, on les laiſſe égouter tout en cordées, & enſuite on les met ſécher ſur les perches ſans les tordre, parce que ſi on les tordoit, cela les amoliroit trop. Comme ces ſortes de ſoies ſont deſtinées à faire des gazes, des dentelles noires, & autres ſemblables ouvrages qui doivent avoir de la fermeté, il faut avoir attention de conſerver toute celle que la ſoie crue a naturellement.

Si on veut faire le noir ſur crud avec plus de promptitude, il faut, après avoir lavé les ſoies de leur engallage, les mettre en bâtons, & leur donner trois liſes ſur le pied de noir froid, les lever enſuite, les mettre égouter au-deſſus du vaiſſeau qui contient la teinture noire, & les faire éventer ſur le vergue, c'eſt-à-dire, c'eſt-à-dire, ſur deux perches qui portent les extrémités des bâtons, & entre leſquelles les ſoies pendent.

Lorſqu'elles ſont égoutées, on les repaſſe encore deux fois ſur le pied de noir froid, en faiſant égouter & éventer à chaque fois, comme la premiere fois; & lorſqu'elles ſont égoutées, on les lave & on les traite comme celles qui ont été teintes dans la diſbrodure. On ne ſuit point ordinairement cette méthode de teindre le noir ſur crud, parce qu'elle uſe trop promptement le pied de noir, attendu la grande vivacité avec laquelle la ſoie crue prend en général toutes les couleurs, & que d'ailleurs une bonne diſbrodure ſuffit pour cette teinture.

Brevet pour le Noir.

La teinture noire s'affoiblit & s'épuiſe à meſure qu'on y teint de la ſoie; on eſt obligé, par cette raiſon, de l'entretenir & de la fortifier de tems en tems en y ajoutant les drogues convenables: c'eſt ce qui s'appelle donner un *Brevet.*

Pour faire ce brevet de noir on met environ quatre à cinq ſeaux d'eau dans une chaudiere; on met dans cette eau quatre livres de bois d'Inde haché, qu'on fait bouillir comme il a été dit: on retire après cela le bois; ſi on a de la décoction de bois d'Inde toute faite, on peut s'en ſervir. On met enſuite quatre livres de nerprun, ou de petits pruneaux noirs; deux livres d'écorce de grenade; deux livres de coloquinte; deux livres de ſumach; deux livres de coques du Levant; deux livres de graine de lin, ou de *Pſillium*: & quatre livres de cumin.

On fait bouillir toutes ces drogues pendant trois quarts-d'heure. Pendant qu'elles bouillent, on met du feu ſous le pied de noir, on le fait chauffer un peu plus que moitié; lorſqu'il eſt chaud, on y met,

2 livres de Réalgar.	1 livre d'Arſénic blanc.
4 d'Antimoine.	1 de Sublimé corroſif.
1 de Litarge d'or.	1 d'Orpiment.
1 de Litarge d'argent.	4 de Caſſonade.
1 de Sel ammoniac.	1 de Fénugrec.
1 de Sel gemme.	4 de Couperoſe.
1 de Cryſtal minéral.	

Quand toutes ces drogues ſont pilées, on les jette dans le pied de noir, ayant ſoin de le braſſer, & lorſque le brevet a ſuffiſamment bouilli, on le coule dans une barque; on le laiſſe repoſer pour en ſéparer le marc, & on met le clair dans le pied de noir. On fait rebouillir une ſeconde fois ces mêmes marcs pour une autre occaſion.

Lorſque le brevet eſt dans le noir, & ſuffiſamment chaud, on ôte le feu; on couvre le bain de limaille, & on le laiſſe repoſer pendant deux jours.

Quand le pied de noir a reçu un certain nombre de brevets, & qu'il s'est amassé au fond une assez grande quantité de marc ; on retire une partie de ce sédiment, pour que le bain demeure plus libre. On donne des brevets au noir à mesure qu'il en a besoin ; mais on conserve toujours le même fond de teinture, c'est-à-dire, qu'on ne renouvelle point en entier le pied de noir ; & quand une fois un Teinturier l'a posé dans son attelier, c'est pour toute sa vie. On a cette facilité, parce que cette teinture n'est point susceptible de putréfaction. La raison en est, que le vitriol martial & la noix de galle qui entrent en grande quantité dans le noir, sont l'un & l'autre, du nombre des plus puissants *anti-putrides* connus, c'est-à-dire, que ces substances ont la propriété de préserver pendant un très long tems de la putréfaction les matieres qui en sont le plus susceptibles. Je tiens ces Observations d'un fort habile Chymiste, qui a fait sur cet objet une suite d'expériences très-nombreuse, & même complette. Il y a lieu d'espérer que le Public sera dans peu en état de recueillir le fruit de ce travail aussi bien fait, qu'il est important.

Remarques sur le Noir.

On a déja fait remarquer, qu'il y a tout lieu de croire que dans le grand nombre de drogues qu'on emploie pour cette couleur, il y en a beaucoup d'inutiles ; on pourra s'en convaincre en comparant le procédé du noir de Gênes qu'on trouvera ci-après.

Ce qu'il y a de plus essentiel à observer sur la teinture noire, c'est qu'en général elle altere & énerve beaucoup les étoffes ; ensorte que celles qui sont teintes en noir, sont toujours beaucoup plutôt usées, toutes choses égales d'ailleurs, que celles qui sont teintes en d'autres couleurs : c'est principalement à l'acide vitriolique de la couperose, lequel n'est qu'imparfaitement *saturé* par le fer, qu'on doit attribuer cet inconvénient. Comme le fer uni à tout autre acide, & même aux acides végétaux, est capable de produire du noir avec les astringents végétaux, il y a tout lieu de croire qu'en substituant d'autres combinaisons de ce métal, à la couperose, on pourroit remédier à cet inconvénient. Ce sont certainement de bonnes & utiles tentatives à faire.

On a dû remarquer dans le procédé qui vient d'être décrit pour le noir, qu'on a grand soin de passer les soies dans la teinture noire, à trois reprises différentes, & de les *éventer* ou de les exposer à l'air pendant un certain tems, entre chaque *passe*. Ce n'est pas sans raison qu'on s'est assujetti à cette pratique, elle contribue infiniment à la beauté du noir ; car il est certain, qu'à la différence des autres teintures qui perdent toujours de leur intensité en séchant, celle-ci au contraire en acquiert beaucoup. Tout le monde sçait que la bonne encre à écrire, ne paroît pas à beaucoup près aussi noire quand on l'emploie, & qu'elle est toute fraîche, que quand elle est seche ; & qu'elle noircit même de plus en plus pendant un certain tems. La même chose arrive à la teinture noire, la soie n'est en quelque sorte que gris-noirâtre immédiatement après la premiere passe ; elle n'acquiert son beau noir que par l'exposition à l'air. Ce n'est pas le seul exemple qu'on ait de l'influence de l'air sur les couleurs de la teinture. La cuve d'indigo est verte quand elle est en état de teindre, ainsi qu'on l'a vû à l'Article du Bleu ; la soie qu'on y plonge en sort verte aussi, mais par la seule exposition à l'air, ce vert se change très-promptement en bleu.

PROCEDÉS PARTICULIERS,
TIRÉS DU DEPÔT DU CONSEIL, ET COMMUNIQUÉS PAR M. *HELLOT*(*).

Soie Cramoisie de Damas & de Diarbequir.

SUIVANT les Lettres de M. *Granger*, Correspondant de l'Académie Royale des Sciences, mort à *Schiras* en Perse au mois de Juin 1737; lorsque les Teinturiers de la Ville de *Damas* teignent les soies dans leur couleur de cramoisi, si belle & si estimée dans tout l'Orient, ils prennent dix *rottes* (la rotte pese cinq livres,) de soie en écheveaux; ils la lavent bien dans l'eau chaude; puis ils la laissent tremper dans suffisante quantité d'autre eau chaude pendant demi-heure. Ensuite ils en expriment l'eau. Alors ils la trempent une fois seulement dans une lessive bien chaude, faite dans suffisante quantité d'eau, dans laquelle ils ont fait dissoudre une demi-*rotte* de *kali* pour chaque rotte de soie qu'on laisse égouter, après l'avoir suspendue sur des batons, observant de ne laisser la soie dans cette lessive que le tems qu'il faut pour la bien imbiber, parce qu'autrement les sels du kali corroderoient la soie.

Pendant que la soie, imbibée de lessive, s'égoute, ils préparent une autre liqueur à froid, avec dix onces de chair de *melon jaune*, bien mûr, qu'ils délaient exactement dans suffisante quantité d'eau. Ils y font tremper pendant 24 heures les dix rottes de soie. On augmente ou diminue la dose des drogues ci-dessus, à proportion de la quantité de soie qu'on veut teindre. Quand la soie a resté pendant un jour dans cette liqueur de melon, on la lave plusieurs fois dans de l'eau fraîche jusqu'à ce qu'elle soit bien nette, puis on la suspend pour la faire égouter.

Pendant ce tems-là, l'Ouvrier remplit une grande bassine d'eau, dans laquelle il jette une demi-rotte d'alun en poudre pour chaque rotte de soie. Il pose la bassine sur un fourneau bien allumé; & il y laisse bouillir la liqueur pendant 20 minutes; après quoi, il retire tout le feu du fourneau. Il trempe la soie dans cette solution d'alun, médiocrement chaude, & il la retire aussi-tôt qu'elle est bien imbibée. Il la met dans une autre bassine, dans laquelle il verse la dissolution d'alun, pour l'y laisser tremper pendant quatre ou cinq heures de suite, mais pas plus. On la retire pour la laver plusieurs fois dans l'eau fraîche.

(*) Aucun des procédés suivans n'a été imprimé jusqu'à présent; ils étoient manuscrits chez M. Hellot, & le Public n'en avoit point connoissance.

Pendant qu'on la lave, un Ouvrier fait bouillir dans une grande bassine une suffisante quantité d'eau où il met une once de *Baizonge* (c'est un *fungus*) en poudre fine pour chaque rotte de soie ; il fait bouillir pendant demi-heure cette nouvelle décoction : alors il y ajoute dix onces d'*Oudez*, (cochenille) en poudre très-fine pour chaque rotte de soie ; c'est-à-dire, six livres quatre onces d'*Oudez* pour dix rottes de soie. Quand il a ajouté cet *Oudez* à la liqueur, il ôte tout le feu du fourneau. Ensuite il agite doucement la liqueur en rond avec un bâton, afin de bien mêler les drogues ensemble. Le mélange étant bien fait, il verse doucement & par inclination un peu d'eau fraîche dans le milieu de la bassine. Cette eau ajoutée, non-seulement refroidit la teinture, mais la rend beaucoup plus vive. Alors on y trempe quatre ou cinq fois la soie, observant de la tordre à chaque fois qu'on l'a trempée, pour en exprimer la liqueur. Ensuite on fait rebouillir cette teinture environ un quart-d'heure. On ôte le feu du fourneau comme ci-devant, pour la laisser un peu refroidir. Alors on y trempe la soie, observant de la tordre à chaque fois qu'on l'a trempée. Après cette seconde teinture, on met la soie dans une bassine vuide, & l'on verse dessus le reste de la teinture : on l'y laisse tremper pendant vingt-quatre heures. Ensuite on la lave bien dans l'eau fraîche, puis on la fait sécher à l'ombre ; & quand elle est bien séche, on l'emploie dans les étoffes. Cette couleur cramoisie est beaucoup plus belle que tous les cramoisis qu'on fait en France & en Italie, parce qu'on ne fait pas bouillir la soie dans le bain de teinture.

Les Teinturiers de Damas & de Diarbequir prétendent qu'on ne peut réussir à cette teinture, sans le secours de la chair de *melon* pour la préparation de la soie, & sans l'addition du *Baizonge* avec l'*Oudez* ou cochenille pour la teinture. Nous avons le *melon* en France, dit M. Granger ; mais il doute qu'on y trouve le *Baizonge*. C'est une espece de *fungus*, qui croît sur quelques arbres en *Perse*, d'où on l'apporte à *Damas*. On pourroit en faire passer en France par la voie d'*Alep*, si on a dessein d'imiter cette couleur si supérieure.

Pour ne pas se tromper sur la dose des différents ingrédients employés dans ce procédé, il faut sçavoir que la *rotte* de *Damas* pese cinq livres de France.

Les dix *rottes* de soie, servant d'exemple dans ce Mémoire, doivent aussi servir de regle par rapport à la dose de tous les autres ingrédients.

A l'égard de l'eau nécessaire, pour la préparation de la soie avec le *kali*, la chair de *melon*, & l'alun pour faire la teinture, on n'en prend que ce qu'il en faut pour bien humecter la soie ; c'est-à-dire, qu'il ne faut pas que la liqueur surpasse de plus d'un travers de doigt, lorsqu'on la met dans la bassine, à l'exception de la liqueur teinte qui doit être plus ample, à cause qu'on y trempe dix à douze fois les écheveaux de soie.

Le *kali* qu'on emploie à la préparation de la soie, n'est autre chose que la cendre

cendre d'une plante que les Arabes appellent *Kailou*. Cette cendre est préférée à celle qu'on tire de la *Roquette* & à celle qu'on fait en Egypte.

Quant aux métiers sur lesquels on met cette soie, ils sont semblables à ceux de Lyon.

Cramoisi de Gênes ; Procédé vérifié au mois de Mai 1743.

A Gênes, la soie destinée à la couleur cramoisie doit être cuite dans une moindre quantité de savon, que celle qu'on destine à d'autres couleurs. Dix-huit à vingt livres de savon, suffisent pour cent livres de soie à teindre en cramoisi, au lieu que pour les autres couleurs, les Génois emploient quarante à cinquante livres sur cent livres de soie.

Quand la soie est cuite, on la fait passer par un bain d'alun. Sur une partie de soie qui pesoit soixante-douze livres étant crue, il a été mis seize à dix-huit livres d'alun de roche, réduit en poudre dans une chaudiere pleine d'eau froide. Après que l'alun a été bien dissout, on y a mis tremper la soie près de quatre heures : on auroit pû l'y laisser davantage, sans que cela eût tiré à conséquence, parce que la soie destinée à être teinte en cramoisi, demande plus d'alun que pour d'autres couleurs. Lorsqu'elle a été sortie du bain d'alun, on l'a secouée & dressée sur la cheville sans l'y tordre. Le Teinturier, questionné pourquoi il ne tordoit pas cette soie au sortir du bain d'alun, a répondu que, si on la tordoit, elle se purgeroit trop de l'alun dont elle étoit empreinte, & qui lui est absolument nécessaire pour prendre la couleur cramoisie.

Des soixante-douze livres, dont on vient de parler, il y en avoit trente-deux livres d'*Organcin*, & quarante livres de *Trame*. On donne communément à Gênes, deux onces de cochenille sur douze onces d'Organcin, destiné pour la chaîne des Damas à meubles; & une once $\frac{3}{4}$ de cochenille sur douze onces de trame, destinée pour le même Damas, parce qu'on juge nécessaire que l'Organcin soit plus foncé que la trame, afin que le Damas ait plus d'éclat ; & lorsqu'on veut perfectionner la couleur du Damas, on ajoute un quart d'once de cochenille à l'Organcin, c'est-à-dire, qu'au lieu de deux onces, on en donne deux onces $\frac{1}{4}$, sans rien ajouter à la trame au-delà d'une once $\frac{3}{4}$.

Comme les trente-deux livres d'Organcin, dont il est parlé ci-dessus, doivent être de la plus belle couleur, on a donné deux onces $\frac{1}{4}$ de cochenille par livre de soie; ensorte que, sur toute la partie, on a employé cent quarante-deux onces de cochenille, ou onze livres dix onces, poids de Gênes ; sçavoir, trente-deux livres d'Organcin à deux onces $\frac{1}{4}$ de cochenille, font soixante-douze onces : quarante livres de trame à une once $\frac{3}{4}$ font soixante-dix onces. Total cent quarante-deux onces.

Lorsqu'il a été question de donner le cramoisi à ces soixante-douze livres de soie alunée ainsi qu'on l'a dit ci-dessus, on s'est servi d'une chaudiere ovale, qui, remplie, pouvoit contenir deux cents pintes d'eau. On a rempli cette chaudiere au tiers, d'eau claire de fontaine : on a jetté ensuite dans cette eau, les drogues suivantes pilées & tamisées. Deux onces de *tartre* de vin ; deux onces de *saffranum*, & deux livres & demie de galle du Levant.

On a attendu que ces drogues eussent bouilli deux minutes dans le bain ; après quoi on y a jetté les onze livres dix onces de cochenille réduite en poudre & tamisée ; & pendant qu'un Ouvrier faisoit tomber la cochenille peu à peu dans le bain, un autre remuoit violemment le bain avec un bâton pour faciliter la fonte de la cochenille.

Cela fait, on a rempli le bain d'eau claire, à un demi-pied du bord ; & tout de suite, on y a mis tremper les trente-deux livres d'Organcin, éparties sur quatorze baguettes. On les y a laissées seules, jusqu'à ce que le bain sous lequel on a fait grand feu, après qu'on l'a eu rempli d'eau, ait été prêt à bouillir : & afin que la soie prît également la couleur, on levoit sans discontinuer les baguettes les unes après les autres, afin de faire aller alternativement au fond de la chaudiere, la partie des flottes qui se trouvoit au-dessus & hors de la chaudiere, n'y ayant jamais que les deux tiers, ou la moitié de chaque flotte, qui trempassent dans le bain ; le reste étoit dehors, parce que les baguettes portoient sur les bords de la chaudiere.

Quand le bain a été prêt à bouillir, on y a mis tremper les quarante livres de trame éparties sur dix-huit baguettes. On a continué pendant plus de demi-heure à lever les baguettes les unes après les autres, tant celles de l'Organcin que celles de la trame, afin de faire alternativement aller au fond du bain, ce qui auparavant étoit dehors ; ensorte que l'Ouvrier, parvenu à la derniere baguette, retournoit à la premiere, & successivement des unes aux autres.

Cette premiere demi-heure passée, l'Ouvrier a mis environ un quart-d'heure d'intervalle entre chaque manœuvre, de lever les baguettes depuis la premiere jusqu'à la derniere, l'ayant réitérée cinq à six fois pendant l'espace d'une heure & demie. Pendant tout ce tems, on a toujours entretenu grand feu sous la chaudiere. Alors l'Organcin avoit trempé deux heures & un quart dans le bain, & la trame deux heures seulement. L'Ouvrier a ôté le feu de dessous la chaudiere, & a pris une flotte de l'Organcin & une flotte de la trame, qu'il a tordues & séchées autant qu'il a pû, afin de voir si la couleur étoit à son point. Comme elle ne s'est pas trouvée assez foncée, il a laissé, tant l'Organcin que le trame, un peu moins d'une demi-heure dans le bain, à mesure qu'il refroidissoit. Ensuite, il a sorti toute la soie du bain, & l'a tordue sur la cheville ; après quoi il l'a lavée plusieurs fois dans de l'eau claire de fontaine, changeant l'eau chaque fois. Cela fait, il l'a de nouveau tordue sur la cheville, & l'a mise sécher : ainsi a fini l'opération.

Il faut obſerver que l'Organcin & la trame, quoique teints dans le même bain, ne ſe ſont pas trouvés de la même nuance après l'opération finie. L'Organcin étoit plus foncé, parce qu'il avoit été un gros quart-d'heure dans le bain de cochenille avant la trame ; & que pendant cet intervalle, il s'étoit empreint de la partie colorante la plus ſubtile de la cochenille.

On n'eſt pas dans l'uſage, à Gênes, de laver la ſoie après qu'on l'a ſortie du bain de cochenille, dans l'eau de ſavon. Au contraire, on y eſt perſuadé que cette méthode ne fait que ternir l'éclat de la couleur, & qu'il faut que l'eau, tant celle qu'on emploie pour le bain de cochenille, que celle dont on ſe ſert pour laver la ſoie après qu'elle eſt teinte, ſoit de l'eau de fontaine bien claire ; car on a remarqué, que les ſoies qu'on teint en été en cramoiſi avec de l'eau de citerne, & qu'on lave avec la même eau, parce que, dans cette ſaiſon, les fontaines ſont ſujettes à manquer, n'ont pas autant d'éclat, que celles pour leſquelles on a employé de l'eau de fontaine dans les autres ſaiſons.

Suivant les Teinturiers de Gênes, il y a des cochenilles qui paroiſſant belles à l'inſpection, ne le ſont pas dans leur effet ; & qui pour être employées, demandent que la ſoie ſoit alunée autant qu'elle peut l'être, & que l'on mette dans le bain de cochenille une quantité de tartre ſupérieure à celle dont il eſt parlé ci-devant. On ne ſçauroit donner ſur cela de regles certaines ; c'eſt au Teinturier à connoître, par des eſſais, la qualité de la cochenille qu'il doit employer. Mais on doit s'attacher à n'employer que de bonne cochenille, parce que, quand il ſeroit vrai que l'inférieure, au moyen d'une plus grande quantité de tartre & d'alun, donnât une auſſi belle couleur que la meilleure, il réſulteroit toujours que la ſoie ne ſeroit plus auſſi parfaite, parce que l'alun l'énerve toujours. Les Fabriquans Génois ſont ſi perſuadés de cette vérité, que pour n'être pas expoſés à cet inconvénient, ils fourniſſent eux-mêmes la cochenille à leurs Teinturiers, à meſure qu'ils leur donnent de la ſoie à teindre en cramoiſi.

La ſoie qui, pour être teinte en cramoiſi, a eu beſoin d'une très-grande quantité d'alun, à cauſe de la mauvaiſe qualité de la cochenille qu'on y a employée, crie lorſqu'on la preſſe dans la main, au lieu que celle pour laquelle on a employé moins d'alun, ne fait pas cet effet.

Violet-Cramoiſi en ſoie, d'Italie.

La ſoie étant alunée, comme pour le rouge-cramoiſi, tirez-la hors de ſon alun ; puis, teignez-la avec la cochenille. Pour cela, faites fondre deux onces de gomme Arabique dans la chaudiere ; ajoutez-y pour chaque livre de ſoie, deux onces de cochenille, un tiers d'once d'agaric, & autant de *terra merita.* Mêlez & verſez dans votre chaudiere. Quand elle commence à bouillir, &

que la gomme est bien fondue, arrangez votre soie sur les lisoirs ; abattez-la dans la chaudiere, & la faites bouillir deux heures : elle sera teinte. Laissez-la refroidir ; lavez-la, & la tordez sur la cheville ; puis, lavez-la encore légérement. Pour l'avoir violette, plongez-la bien épartie sur une cuve de bleu, jusqu'à ce qu'elle ait pris un beau violet. Lavez-la dans de l'eau de fontaine bien pure : tordez-la, & la faites sécher à l'ombre bien étendue & démêlée.

Demi-Violet.

POUR une livre de soie, une livre & demie d'orseille bien démêlée dans le bain ; faites-la bouillir un bon quart-d'heure ; passez-y votre soie rapidement ; laissez-la refroidir ; lavez-la à la riviere, vous aurez un beau demi-violet, ou lilas plus ou moins foncé.

Noir de Gênes, pour le Velours. Juin 1740.

ON fait bouillir la soie pendant quatre heures, avec le quart de son poids de savon blanc de Marseille : on la lave à fond. Dans une chaudiere de cinq cents pintes d'eau, faites bouillir sept livres de galle. Laissez déposer la galle ; tirez l'eau à clair, & ayant jetté le marc, remettez l'eau de galle dans la même chaudiere. Plongez-y à demi une cuiller percée à purée, dans laquelle vous mettrez sept livres de gomme de Sénégal, sept livres de vitriol Romain ou couperose, & sept livres de la plus belle limaille de fer. Le bain ayant dissout ces drogues, laissez éteindre le feu, & fermenter ce bain pendant huit jours. Ensuite, faites-le chauffer ; & quand il sera prêt à bouillir, mettez de nouveau, suspendue dans la même chaudiere, la même passoire ; & ayant fait six paquets, composés de la sixiéme partie de la quantité de gomme, couperose & limaille destinée à ce bain de noir, selon la quantité de soie, à raison d'une livre de chacun de ces ingrédients, pour dix livres de soie, faites fondre dans la passoire cette sixieme partie du total. Le feu étant ôté, & ayant fait jetter dix pintes d'eau froide sur le bain, qui doit rester chaud à y pouvoir tenir la main, faites mettre la soie sur des lisoirs ; plongez-la dans le bain, & l'y tenez pendant dix minutes ou environ. Lisez les écheveaux quatre fois ; après quoi, tordez-les à la cheville sur la chaudiere.

Passez sur le même bain de nouvelle soie sans rien ajouter, & la traitez de même. Commencez d'abord par la *trame*, ensuite passez le *poil*. Enfin, le bain étant beaucoup refroidi, passez-y la chaîne qu'on ne veut teindre ordinairement qu'en gris-noir.

Toute la soie ayant passé dans ce premier bain, réchauffez-le, & y remettez la passoire avec une autre sixieme partie de gomme, vitriol & limaille de fer. Quand le bain sera raffraîchi comme ci-dessus, passez-y la soie

soie comme au premier bain ; observant, cette fois ici, de passer le *poil* le premier, ensuite la trame, & toujours la chaîne la derniere : faites ce manége six fois. Tant que la soie étoit mouillée, son noir charmoit, même comparé avec celui de Tours : ce qui fut différent quand elle fut séche. On comptoit à Tours ajouter au bain de noir, du vin bas, de l'anis & autres drogues. Mais on prit le parti d'envoyer ces soies noires à Gênes ; & voici ce que M. *Regni* écrivit le 9 Novembre 1740.

» Les Teinturiers de Gênes, auxquels on a fait le récit des opérations faites » sur cette soie qu'on leur a fait voir aussi, ont trouvé qu'on a exactement suivi » la derniere Instruction, & que le défaut de succès vient, 1°. de ce que pour » engaller la soie, on a employé de la Galle du Levant, qui a beaucoup plus » de substance que celle de la Sicile & de la Romagne, dont on se sert ordi- » nairement à Gênes. 2°. De ce que le bain de noir n'a pas acquis sa perfection, » qu'une nouvelle dose des drogues qui le composent, peut seule lui donner ; » de sorte que dans les nouvelles & futures opérations, on n'aura qu'à obser- » ver, quant à l'engallage de la soie, de se servir de la Galle de Sicile ou de » la Romagne ; ou si l'on est obligé d'employer celle du Levant, qui est bonne, » de ne mettre de cette derniere qu'un tiers de livre pour chaque livre de soie, » au lieu qu'il en faut une demi-livre de la premiere. Le Teinturier Génois a » reconnu la Galle qu'on avoit employée en France, à ce qu'on avoit mandé » à M. Regni, que la soie avoit acquis dans le bain de Galle tout ce qu'elle » avoit perdu de son poids dans la savonade, pendant que la livre de soie de » douze onces, qui, dans sa cuite au savon, reste à neuf onces, ne doit revenir, » après avoir été engallée, qu'à onze. »

Quant au bain de noir, il n'y a, pour le perfectionner, qu'à y ajouter une nouvelle dose de gomme, de limaille & de vitriol (en parties égales de chacune de ces drogues), en observant de le faire par petites doses, jusqu'à ce qu'on trouve que la soie ait acquis le noir qu'on veut lui donner : bien entendu que les petites doses de ces drogues doivent être mises dans le bain de noir dont on s'étoit servi, sans qu'il soit besoin d'en faire de nouveau ; puisque ce n'est qu'à mesure que ce bain sert, qu'il acquiert sa perfection. Le même Teinturier Génois ayant trempé six fois les échantillons manqués à Tours, dans son bain de noir, le noir est devenu beaucoup plus beau. Ce même Teinturier Génois, homme enrichi dans sa profession, a écrit qu'absolument il ne doit entrer dans le bain de noir aucune autre drogue que celles mentionnées dans la derniere Instruction ci-dessus suivie ; que le vin bas & l'anis ne peuvent servir qu'à gâter le bain de noir.

On s'est corrigé à Tours d'après cette Lettre, & l'on a fait de très-beaux noirs : voici le procédé qu'on y a suivi dans la Manufacture de feu M. Hardion. Pour cent livres de ſoie, on fait bouillir pendant une heure vingt livres de noix de Galle d'Alep en poudre, dans ſuffiſante quantité d'eau. On laiſſe enſuite repoſer le bain juſqu'à ce que la galle ſoit précipitée au fond de la chaudiere, d'où on la retire. Après quoi, on y met deux livres & demie de vitriol d'Angleterre, & douze livres de limaille de fer, vingt livres de gomme du pays, c'eſt-à-dire, de *prunier*, *ceriſier*, &c, qu'on met dans une eſpece de chaudron à deux anſes, troué de toutes parts. On ſuſpend ce chaudron avec des bâtons dans la chaudiere, de maniere qu'il n'aille pas au fond. On laiſſe diſſoudre la gomme pendant une heure, en la remuant légérement de tems en tems avec un bâton. Si l'heure paſſée, il reſte encore de la gomme dans le chaudron, c'eſt une marque que le bain, qui eſt de deux muids, en a pris autant qu'il faut. Si, au contraire, toute la gomme eſt diſſoute, on peut en remettre trois ou quatre livres. On laiſſe ce chaudron continuellement ſuſpendu dans la chaudiere, d'où on ne l'ôte que pour teindre, & on le remet enſuite. Pendant toutes ces préparations, la chaudiere doit être tenue chaude, mais ſans bouillir. L'engallage de la ſoie ſe fait avec un tiers de Galle d'Alep. On y laiſſe la ſoie d'abord pendant ſix heures, puis pendant douze. Le reſte ſelon l'Art.

EXPLICATION DES FIGURES.

PLANCHE I.

LA *Figure* 1 repréſente la perſpective des deux grandes chaudieres, l'une ronde, & l'autre oblongue, montées dans leur maçonnerie & ſur leurs fourneaux.

A, Chaudiere oblongue que les Teinturiers nomment *ovale*.

B, Chaudiere ronde.

C, Hotte de la cheminée qui reçoit la fumée des fourneaux de ces chaudieres.

D, Porte par laquelle on va aux fourneaux, qui ſont plus bas que le ſol de l'Attelier.

E, Eſcalier par lequel on deſcend aux fourneaux.

F, Tuyau de plomb qui conduit l'eau aux chaudieres.

G, Robinets placés au-deſſus de chaque chaudiere, qu'on lâche pour les emplir d'eau.

Figure 2. Cette figure repréſente le plan des Chaudieres & de la cheminée ſervant aux deux chaudieres de la *figure* 1.

A, Plan de la chaudiere ronde.

B, Plan de la chaudiere longue ou ovale.

C, Bouches des fourneaux.

D, Eſpace ſous la cheminée devant les fourneaux pour leur ſervice.

E, Eſcalier par lequel on deſcend aux fourneaux.

Figure 3. Cette figure repréſente la coupe de la chaudiere ronde, de ſon fourneau & de la cheminée.

A, Intérieur de la chaudiere ronde.

B, Intérieur du fourneau qui eſt ſous cette chaudiere.

C, Porte de ce fourneau.

D, Intérieur de la cheminée.

E, Sol de l'eſpace qui eſt devant le fourneau pour ſon ſervice.

F, Sol de l'Attelier. On voit par cette diſpoſition que le fourneau de la chaudiere eſt abaiſſé au-deſſous du ſol de l'Attelier, afin que le haut de cette chaudiere ſoit à la portée de l'Ouvrier qui travaille dedans. De même le ſol de l'eſpace qui eſt devant les fourneaux eſt abaiſſé de maniere que la bouche de ces fourneaux ſoit à la portée de ceux qui les ſervent.

G, Tuyau & Robinet par le moyen deſquels l'eau eſt portée dans la chaudiere.

H, Chaudron ou petite chaudiere portative.

K, Tamis ou paſſoire.

I, Dessous de ce tamis.

PLANCHE II.

La *Figure* premiere représente l'intérieur de l'Attelier d'un Teinturier en Soie, avec les différentes opérations qui s'y font.

A, Ouvrier qui retire de la grande chaudiere ronde les sacs ou poches dans lesquels la Soie a été cuite, ou qui *jette bas*.

B, Ouvrier qui dresse des mateaux de soie sur l'espart.

C, Teinturier qui lise des soies dans un bain sur une grande barque.

D, Ouvrier qui passe en cuve.

E, Ouvrier qui tord à sec sur l'espart.

F, Deux hommes qui *empochent* des soies pour les faire cuire.

Figure 2, *A*, Mateau de soie.

B, Baguettes ou Bâtons sur lesquels on passe & on *lise* les mateaux de Soie pour les teindre : ces baguettes se nomment *lisoirs*.

C, Perche ou *Barre*, dont on se sert pour retourner les poches qui contiennent la Soie pendant la cuite, & pour les retirer de la chaudiere.

D, Espece de brancard nommé *Baillard*, sur lequel on pose les soies mouillées.

E, Bâton sur lequel on met le mateau de soie pour le passer en cuve, & qui se nomme *la passe*.

F, *Pot à Rocou*, ou passoire dans laquelle on délaie & on passe cet ingrédient.

G, Espece de pilon dont on se sert pour écraser & faire passer le rocou dans la passoire.

H, Grand Cassin ou Cuiller de cuivre creuse, emmanché.

I, Petit Cassin.

K, Chevillon dont on se sert pour tordre sur l'espart.

L, Espart.

M, Hache avec laquelle on réduit les bois de teinture en copeaux.

N, Cheville.

PLANCHE III.

La *Figure* 1 représente le lavage des soies à la riviere.

A, Bateau dans lequel se mettent les Teinturiers pour laver les soies.

B, Escalier par lequel on descend de l'Attelier à la riviere.

C, Planche sur laquelle on passe de l'escalier au bateau.

D, Ouvriers qui lavent les soies.

E, Ouvrier qui bat les soies.

F, Pierre sur laquelle on bat les soies.

Figure 2. Vers le bas de la planche.

A, Cordée de soie, ou plusieurs mateaux passés dans une corde.

B, Grande

B, Grande barque de cuivre.

C, Petite barque ou *barquette* de cuivre.

Les deux barques *B* & *C* ont des patins *F* pour pouvoir renverſer facilement leurs eaux quand elles ſont pleines, & les faire gliſſer où l'on veut.

D, Grande barque de bois.

E, Pierre ſur laquelle on bat les mateaux.

PLANCHE IV.

Figure 1. Cuve pour le bleu d'Indigo repréſentée juſqu'au niveau du ſol de l'Attelier, entourée de ſa maçonnerie avec ſon fourneau.

DC, Partie inférieure de la cuve enfoncée en terre.

F, Maçonnerie qui entoure la cuve.

H, Ouverture ou entrée de la cuve.

I, Porte pratiquée dans la maçonnerie au niveau du ſol de l'Attelier, laquelle répond dans l'eſpace qui eſt entre la maçonnerie & les parois de la cuve, & dans lequel on met de la braiſe pour la chauffer.

K, Partie du corps de la cuve qu'on apperçoit par la porte *I*.

L, *Ventouſe* ou tuyau ſervant de cheminée pour l'iſſue des vapeurs de la braiſe.

Figure 2. Coupe de la cuve & de ſa maçonnerie.

C, Fond de la cuve enfoncé en terre.

E, Sol de l'Attelier.

F, Epaiſſeur de la maçonnerie.

G, Eſpace entre les parois de la cuve & celles de la maçonnerie.

L, La partie de la ventouſe qui s'éleve au-deſſus de la maçonnerie.

M, Communication intérieure de la ventouſe dans l'eſpace qui eſt autour de la cuve.

N, Porte par laquelle on met la braiſe.

Figure 3. *A*, Tonne dans laquelle on conſerve le jus de bois de Bréſil, & autres.

B, Grand bacquet dans lequel on alune les ſoies.

O, Rable dont on ſe ſert pour *pallier* les cuves.

P, Couvercle de tonne.

Q, Etouffoir.

R, Croc ou fourgon.

S, Sac pour empocher la ſoie.

T, Pelle pour prendre le charbon ou la braiſe.

PLANCHE V.

La *Figure* 1 repréſente l'intérieur d'un ſéchoir ou chambre dans laquelle on fait sécher promptement les soies sur la *branloire*.

A, La branloire.

B, Crochets qui tiennent la branloire suspendue au plancher.

C, Ouvrier qui fait mouvoir la branloire.

D, Poële.

E, Tréteaux disposés pour recevoir les perches chargées de mateaux.

Figure 2, *A*, La branloire.

B, Crochets destinés à soutenir la branloire suspendue au plancher avec leurs pitons.

C, Un des grands côtés de la branloire.

DDD, Fiches du côté *C*, destinées à recevoir le bout percé des perches sur lesquelles on met les mateaux de soie.

E, Côté de la branloire opposé au côté *C*.

FFF, Fourches du côté *E* de la branloire, destinées à recevoir le bout non percé des perches.

G, Une des perches sur lesquelles on met les soies dans la branloire.

H, Deux perches chargées de soie, & ajustées sur la branloire.

I, Un des tréteaux sur lesquels on pose les perches.

K, Fourche.

L, Mateau de soie.

M, Bacquet portatif.

N, Seau.

O, Poële à brûler le soufre.

P, Corde attachée à la branloire pour la faire mouvoir.

PLANCHE VI.

La *Figure* premiere représente l'intérieur d'un Attelier, dans lequel on prépare le *Carthame* ou *Saffran bâtard*.

A, Barques dans lesquelles on lave le *saffranum*.

B, Sac dans lequel le *saffranum* est enfermé, & dont la bouche est tenue ouverte par un morceau de bois en croix.

C, Tuyau & robinets pour fournir l'eau aux barques dans lesquelles on lave le *saffranum*.

D, Ouvrier qui piétine le *saffranum* avec des bottes : il se soutient avec une corde qui est attachée au plancher.

E, Trou par lequel s'écoule l'eau chargée de la couleur jaune extractive du *saffranum*.

F, Ouvrier qui brise avec une pêle les mottes du *saffranum* lavé.

G, Ouvrier qui *amestre* le *saffranum*, c'est-à-dire, qui le mêle avec la soude en ſe ſervant de ſes pieds.

H, Appareil pour tirer la teinture du *ſaffranum ameſtré*, en coulant de l'eau par-deſſus.

I, Ouvrier qui prend de l'eau pour la couler ſur le *ſaffranum*.

Figure 2, *A*, Mortier.

B, Morceau de bois en croix pour tenir ouverts les ſacs qui contiennent le *ſaffranum*, quand on le lave dans les barques.

C, Pilon.

D, Ecumoire.

E, Tamis.

F, Paſſoire pour faire diſſoudre la gomme dans le bain de noir.

G, Pelle pour diviſer les mottes du *ſaffranum* lavé.

H, Appareil pour couler la teinture du *ſaffranum*.

EXPLICATION

De quelques termes qui ont rapport à l'Art de la Teinture en Soie.

A

ACCOMPLIR. C'eſt achever d'emplir une cuve devenue propre à teindre.

ADOUCISSAGE. C'eſt une eau de ſavon, dans laquelle on fait paſſer les Soies teintes en noir, pour les adoucir.

ALUNAGE. Opération par laquelle on impregne la ſoie d'alun pour la diſpoſer à recevoir la teinture.

AMESTRER ; c'eſt bien mêler le *ſaffranum* avec de la ſoude ou de la cendre gravelée, pour en tirer la couleur rouge.

AVIVER ; c'eſt rendre une couleur plus vive par l'addition de quelque matiere ſaline.

AZUR. L'azur des Teinturiers en Soie n'eſt autre choſe que de l'indigo pilé & étendu dans beaucoup d'eau ; ils s'en ſervent pour donner un petit œil bleu à certaines nuances de blanc.

B

BAILLARD. Eſpece de brancard ſur lequel on poſe les Soies pour les égouter.

BAIN. C'eſt une certaine quantité de teinture, ou de quelque autre liqueur dans laquelle on trempe la Soie.

BARQUE ou BACQUE, une eſpece de bacquet long, de cuivre ou de bois, dont on ſe ſert pour certaines teintures qui ne demandent point à bouillir ſur le feu. Il paroît qu'on devroit ſe ſervir du terme de *Bacque*, & non de celui de *Barque* ; mais ce dernier eſt paſſé tout-à-fait en uſage chez les Teinturiers : c'eſt pourquoi on l'a employé dans ce Traité.

BARRE ; c'eſt une perche avec laquelle on remue, & on retire les poches qui contiennent la Soie pendant la cuite.

BARRER ; c'eſt ſoulever, par le moyen d'une perche qu'on appelle *Barre*, les poches qui contiennent la Soie pendant la cuite. Cette opération ſe fait pour empêcher les poches qui ſont au fond de la chaudiere d'y ſéjourner trop long-tems ; ce qui pourroit faire brûler la Soie : ce Barrage rend auſſi la cuite plus prompte & plus égale.

BISCUIT. Les Teinturiers appellent ainſi les endroits de la Soie qui ont échappé à l'action du ſavon pendant la cuite.

BLEU DE CUVE. On nomme ainſi l'Indigo préparé de maniere qu'il ſoit propre à teindre.

BLEU FIN. C'eſt un bleu d'Indigo auquel on donne de l'intenſité par le moyen de la cochenille, au lieu de l'orſeille.

BLEU DE VAISSEAU ; c'eſt la même choſe que le Bleu de cuve.

BOUILLON. Nom qu'on donne ſouvent à la décoction de quelque drogue de teinture.

BOUIN, nom que les Teinturiers en Soie de Paris donnent à un certain nombre d'écheveaux raſſemblés & noués enſemble pour être teints.

BOURER, ſe BOURER. Les Teinturiers diſent que la Soie *ſe boure* lorſque ſes fils s'ouvrent & deviennent *bouraceux*.

BRASSER. C'eſt remuer en différens ſens & agiter un bain de teinture avec un bâton pour bien mêler les drogues qu'il contient.

BREVET ; c'eſt une certaine quantité de drogues qu'on ajoute dans un bain.

BRUNITURE. On se sert de cette expression lorsqu'on donne à une couleur quelconque une nuance qui la rend plus brune.

C

CANNELÉS. Nom qu'on donne aux nuances brunes du cramoisi fin.

CASSIN ; c'est une espece de poëlon à queue dont les Teinturiers se servent, pour retirer de la teinture de leurs vaisseaux, ou pour en ajouter.

CHAUDRÉE. *Faire une chaudrée*, c'est teindre en noir une partie de Soie suffisante, pour faire *trois passes* ou *trois torses*, si c'est du *noir pesant* ; ou deux, si c'est du *noir léger*.

CHEVILLE. La cheville est une piéce de bois cylindrique & scellée par un de ses bouts dans un mur. C'est sur la cheville qu'on dresse les Soies.

CHEVILLER. C'est tordre la Soie sur l'espart à plusieurs reprises, pour la sécher & pour la lustrer.

COCHENILLE GRABELÉE. C'est celle qui a été épluchée & mondée.

COCHENILLE MESTEQUE ; c'est la plus belle & la meilleure espece de Cochenille. On la nomme aussi *Cochenille fine*.

COCHENILLER. C'est teindre avec de la Cochenille.

COMPOSITION. Dissolution d'étain dans l'eau régale, dont on se sert pour aviver la couleur du cramoisi fin ou de cochenille.

CONGELER, se CONGELER. Les Teinturiers disent qu'un sel se congele, quand il se crystallise.

CORDÉE. On appelle une cordée plusieurs mateaux passés dans une même corde & noués ensemble.

COULER ; c'est verser une liqueur dans un vaisseau en la faisant passer à travers un tamis ou une toile.

CRAMPILLER, se CRAMPILLER : expression par laquelle les Teinturiers en Soie désignent ce qui lui arrive quand les écheveaux se mêlent & *s'ébouriffent*.

CRI. On appelle *Cri de la Soie*, un petit bruit qu'elle fait lorsqu'on en frotte plusieurs brins les uns sur les autres entre les doigts. La Soie n'a ce cri que quand elle a été imprégnée de quelque acide, ou de Noix de Galle.

CROUTÉE, se dit d'une *cuve* sur laquelle il se forme une écume ou croûte quand elle devient propre à teindre.

CUITE DE LA SOIE ; c'est une opération par laquelle on enleve la gomme & le jaune naturels de la Soie crue, en la faisant bouillir dans de l'eau chargée de savon.

CUVE. Ce nom est affecté particuliérement au vaisseau dans lequel on fait le bleu d'Indigo.

D

DÉCRAMPILLER ; c'est dresser ou démêler la Soie.

DÉCREUSEMENT ou DÉCREUSAGE de la Soie ; c'est l'opération par laquelle on enleve à la Soie sa gomme ou son vernis naturel, par le moyen d'un dissolvant convenable. Comme la Soie, avant cette opération, se nomme *Soie crue*, & qu'après qu'elle l'a subi, on l'appelle *Soie cuite*, peut-être seroit-il mieux de dire, *Décrusage* ou *Décrusement* ; mais il paroît que l'usage est d'écrire *Décreusement*.

DÉGOMMAGE *de la Soie*. C'est une premiere cuite qu'on donne à la Soie dans de l'eau chaude chargée de savon, mais sans la faire bouillir ; pour la débarrasser de la plus grande partie de sa gomme.

DÉPOCHER ; c'est retirer des cordées de Soie d'une poche ou sac de toile dans lequel elles ont été mises pour la cuite ou pour quelque autre opération.

DISBRODER ; c'est laver la Soie de sa teinture ou de son eau de savon dans une petite quantité d'eau.

DISBRODURE ; c'est l'eau dans laquelle on a disbrodé la Soie.

DISCALLER. Les Teinturiers en Soie se servent de cette expression pour marquer la perte du poids que la Soie fait par la cuite. Ainsi on dit : *Telle qualité de Soie discalle de tant pour cent*.

DRESSER *la Soie*, c'est séparer les uns d'avec les autres, les fils des écheveaux ou mateaux, & les rendre bien paralleles ; cela se fait en passant les mateaux sur une cheville, les tenant tendus, & leur donnant quelques secousses avec la main gauche, tandis qu'on en démêle & qu'on en sépare les fils avec la main droite.

E

ECOULER *la Soie* ; c'est la tordre légérement sur l'espart pour en faire sortir la plus grande partie de l'eau dont elle est humectée.

ECRESPER ; c'est refouler un mateau de Soie sur lui-même entre les mains pour *éventer* tous ses brins.

EMPOCHER, c'est mettre des cordées de soie dans un grand sac de toile, qu'on nomme *poche*.

ESGALIVER, c'est tordre modérément & dix ou douze fois de suite, un mateau de soie qui a déja été tordu assez fortement, pour qu'il n'en puisse plus couler d'eau. Cette manœuvre sert à distribuer également dans tout le mateau de soie, l'humidité qui lui reste après la forte torse.

ESPART, piéce de bois cylindrique, scellée par un bout dans un mur, ou enclavée dans la mortaise d'un poteau, & terminée par l'au-

tre

tre bout en une tête arrondie : c'eſt ſur l'eſpart qu'on tord les ſoies.

Eventer, c'eſt faire prendre l'air.

F

Feu. Se dit pour le noir, lorſqu'on fait chauffer le bain pour y teindre.

Friser, ſe dit du *ſaffranum* lavé, dont on diviſe les mottes, pour le mêler avec la cendre gravelée ou la ſoude.

G

Glacer, *ſe glacer.* Les Teinturiers diſent que la ſoie *ſe glace*, lorſqu'en la mettant dans la diſſolution d'alun, elle ſe trouve enduite de petits cryſtaux de ce ſel.

I

Jaune de graine, c'eſt un jaune franc, fait avec la gaude ſeule.

Jetter bas, c'eſt retirer de la chaudiere, les poches dans leſquelles on a fait cuire la ſoie.

L

Lasser, *ſe laſſer.* Les Teinturiers diſent que la cuve de bleu *ſe laſſe*, quand, après avoir teint une certaine quantité de ſoie, elle commence à ne plus donner une couleur auſſi belle & auſſi pleine.

Liser *la ſoie*, c'eſt la tremper dans un bain de teinture ou de toute autre liqueur, de maniere que les mateaux qui ſont paſſés ſur des bâtons qu'on nomme *liſoirs*, plongent alternativement par l'une & l'autre de leurs extrémités dans le bain. Cette manœuvre conſiſte donc à retourner les mateaux du haut en bas.

Lisoirs, ce ſont les bâtons ſur leſquels on liſe la ſoie.

M

Maniement. Le maniement de la Soie eſt un certain trémouſſement, qui ſe fait ſentir lorſqu'on preſſe ou qu'on manie, entre les doigts, un écheveau de Soie qui a été imprégnée de quelque acide ou de noix de Galle.

Mateau, nom qu'on donne à Lyon & dans quelques autres Manufactures, à pluſieurs écheveaux de Soie réunis enſemble.

Mettre en cordes, c'eſt paſſer pluſieurs mateaux dans une corde, avec laquelle on les noue enſemble.

Mettre en testes, c'eſt tortiller les mateaux par un de leurs bouts, ce qui leur forme une eſpece de tête : cela les empêche de ſe mêler.

Mordants, ce ſont des ſels dont on imprégne les Soies, ou toute autre matiere à teindre, pour les diſpoſer à prendre & à retenir la teinture.

Moredoré, c'eſt une couleur rouge-brun, mêlé de jaune ou plutôt d'orangé.

N

Nacarat, c'eſt un rouge vif, qui tient le milieu entre le ceriſe & le ponceau.

Noir pesant, c'eſt celui qui s'engalle plus fortement, & qu'on paſſe trois fois dans le pied de noir.

Noir leger, c'eſt un noir moins engallé, & qu'on ne paſſe que deux fois dans le pied de noir.

P

Pallier, c'eſt remuer un bain avec un *rable*, pour mêler les drogues qu'il contient.

Pantime ou Pantine, c'eſt un certain nombre d'écheveaux de Soie, raſſemblés enſemble pour les teindre.

Parceau, c'eſt le nom que les Teinturiers de Tours donnent à une pantine.

Passe, *la paſſe*, c'eſt un bâton court, ſur lequel on paſſe les mateaux de Soie dans *la cuve*.

Passe, ſe dit au ſujet des couleurs, pour leſquelles on eſt obligé de paſſer pluſieurs fois la Soie dans la même teinture, & particuliérement du noir pour lequel on eſt obligé de paſſer deux ou trois fois la Soie dans le pied de noir ; chacune de ces opérations s'appelle *une paſſe*.

Pied, c'eſt une premiere couleur qu'on donne à la Soie, pour en appliquer enſuite une autre par-deſſus, & faire par conſéquent une couleur compoſée.

Poche, c'eſt un grand ſac de toile ouvert dans toute ſa longueur, dans lequel on met la Soie pour pluſieurs opérations. On ferme cette poche, par le moyen d'une ficelle qu'on paſſe dans des œillets pratiqués des deux côtés de ſon ouverture, ce qui fait l'effet d'un lacet.

Ponceau, c'eſt un rouge-jaune ou couleur de feu qu'on fait ſur la Soie, avec le *ſaffranum* & un pied de *rocou*.

R

Rabattre une couleur, c'eſt lui faire prendre un ton gris ou noirâtre, par le moyen de la couperoſe.

Rable, c'eſt un bâton au bout duquel eſt adapté perpendiculairement une palette de bois : cet inſtrument ſert à *pallier* les bains.

Raffraichir, c'eſt laver une ſeconde fois, ou laver légérement.

RATINE, espece de rouge couleur de feu de faux teint, qu'on fait sur la Soie avec le rocou & le bois de Brésil.

RECRUTER, c'est rajouter une nouvelle dose de drogues dans un bain.

REPONCHONNER, c'est ajouter de la teinture dans un bain, & y repasser la Soie.

ROSER, c'est changer le ton jaune d'une couleur rouge, en une nuance qui tire davantage sur le cramoisi, ou sur le couleur de roses.

ROUGES-BRUNS, ce sont les nuances foncées & brunes du cramoisi faux ou de bois de Brésil, qu'on nomme simplement *rouge*.

ROUIR (*se rouir*), se dit de la couleur jaune de la gaude. Cette couleur est sujette à se brunir & à se roussir en séchant : c'est ce que les Teinturiers appellent *se rouir*.

S

SOUDE. Cendres des kalis ou d'autres plantes maritimes, lesquelles cendres contiennent l'alkali minéral ou marin.

SOUDE (*mettre en*). Lorsque les Teinturiers plongent entiérement les mateaux de Soie dans un bain, pour les y laisser séjourner pendant un certain tems, sans les remuer, ils appellent cela *mettre la Soie en soude*.

SOUFRAGE. Opération, par laquelle on expose les Soies à la vapeur du soufre allumé, pour les blanchir.

T

TORDRE. Tordre les Soies, c'est engager les mateaux sur l'espart ; & par le moyen du chevillon qu'on y passe, on les tord en effet pour les *écouler*, les *sécher*, & les *lustrer*.

TRANCHER (*faire trancher*), c'est faire prendre différentes nuances par dégradations, par le moyen d'un même ingrédient.

TUILER, se dit d'une teinture qui tire sur la couleur des tuiles ou des briques.

V

VEILLER, se dit des Soies, dont une partie n'est point submergée dans le bain.

VENIR OU REVENIR, se dit de la cuve qui devient propre à teindre.

VERGUE. *Mettre au vergue* ou *sur le vergue*, c'est mettre des Soies qui ont déja été passées dans le pied de noir, sur une perche pour les *éventer*, & les repasser ensuite dans le noir.

VIOLET FIN. C'est un violet dans lequel on emploie la cochenille.

VIOLET FAUX, sont tous ceux dont le rouge n'est pas fourni par la cochenille.

VIOLET DE HOLLANDE. C'est un violet foncé, tirant sur le bleu.

VIOLET D'EVESQUE. C'est un violet qui tire sur le rouge.

VIRER, c'est faire tourner une teinture d'un jaune-rouge, à un rouge plus décidé : cela se dit singuliérement de la couleur rouge du *saffranum*.

VOLTER. C'est tortiller ou rouler des mateaux sur eux-mêmes.

FIN DE L'ART DE LA TEINTURE EN SOIE.

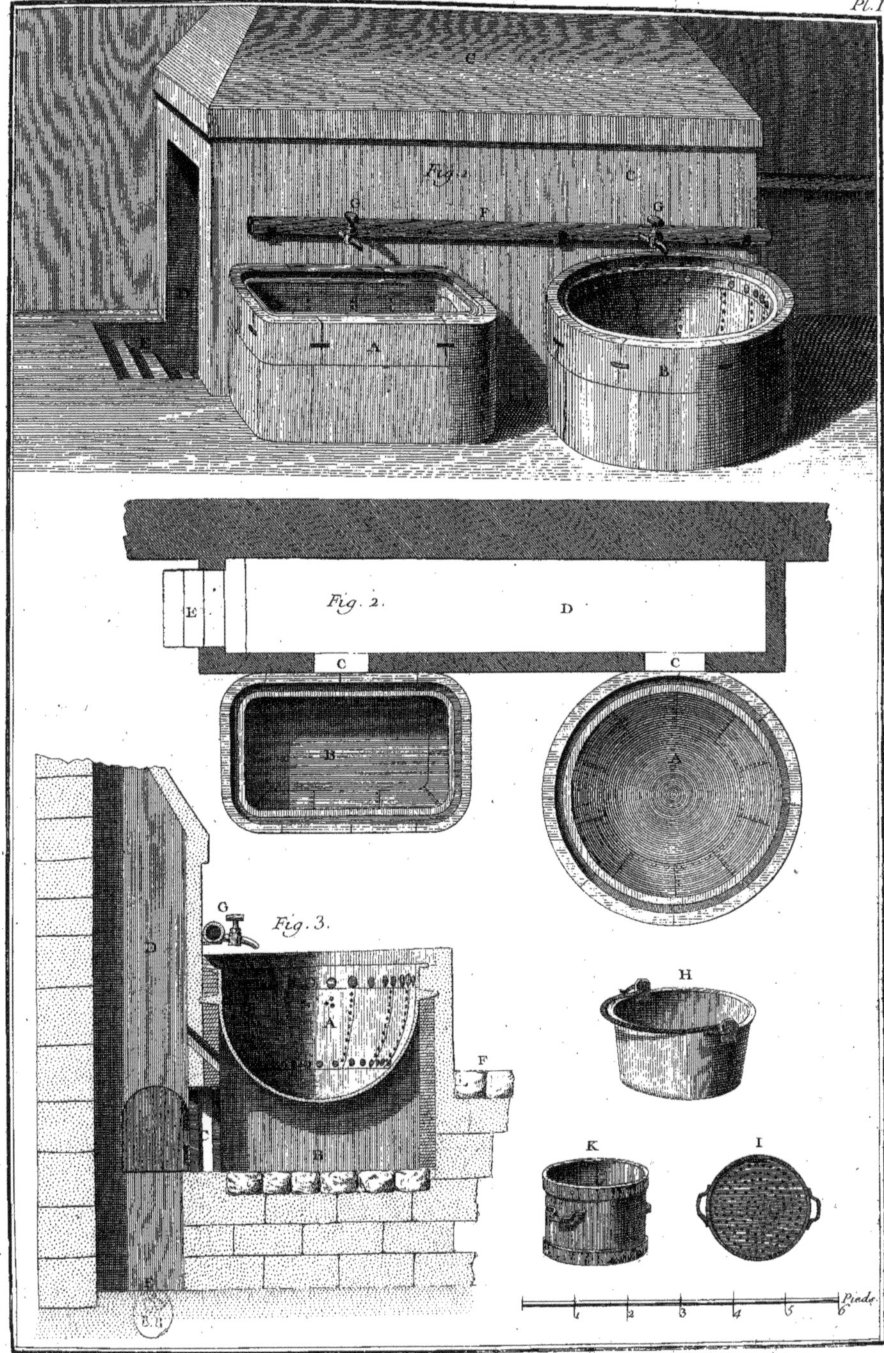
Fig. 1.
Fig. 2.
Fig. 3.
Pieds
1 2 3 4 5 6

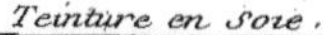

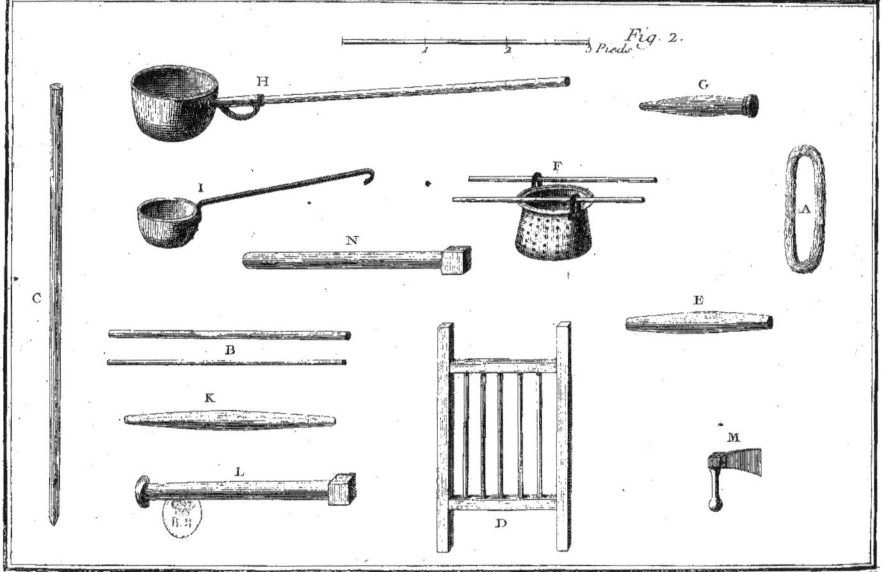

Fig. 1

A

Fig. 2.

1 2 3 Pieds

H G I F A N C E B K L D M

Patte del. et Sc. 1763.

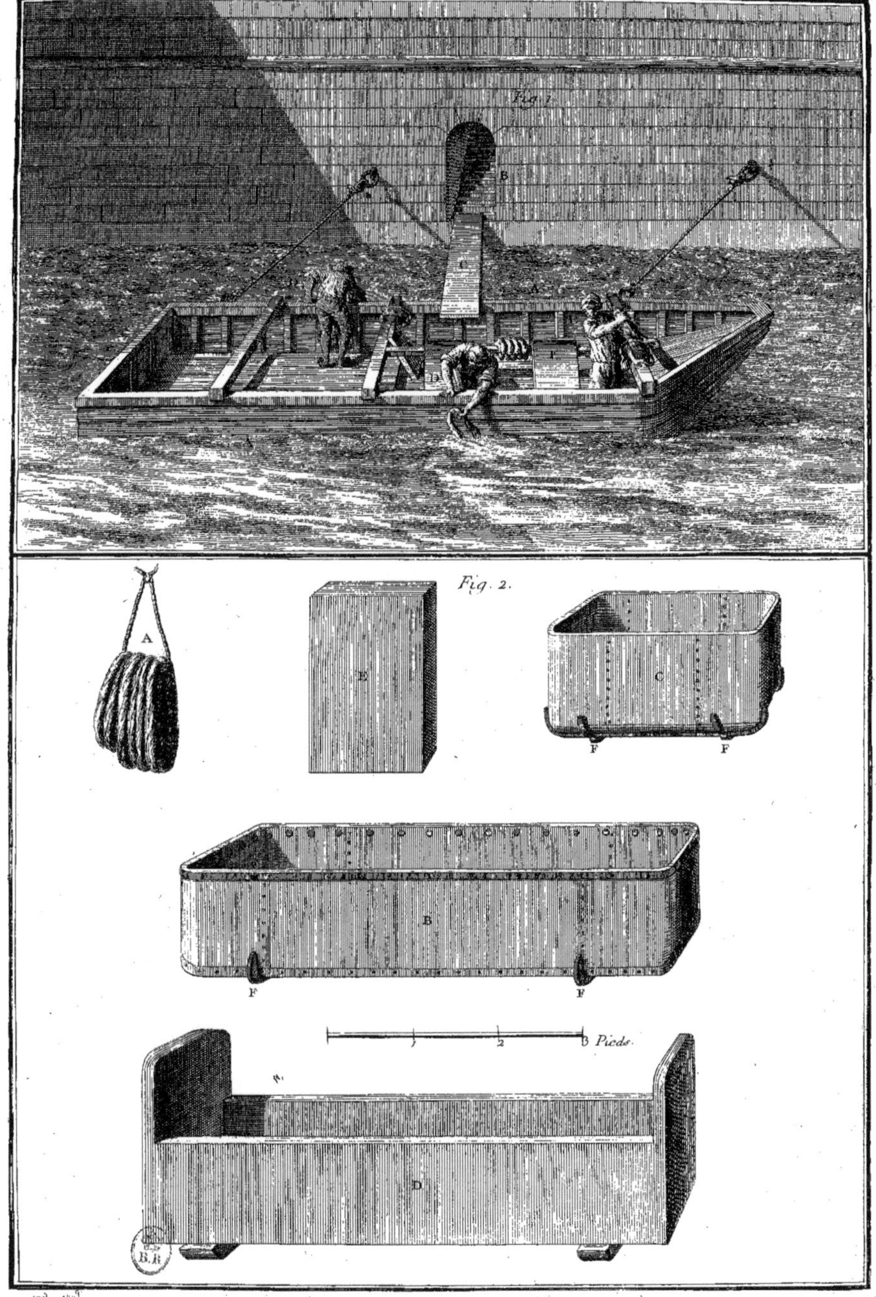
Fig. 1.
A
B
C
D
Fig. 2.
A
E
C
F
F
B
F
F
1
2
3 Pieds.
D

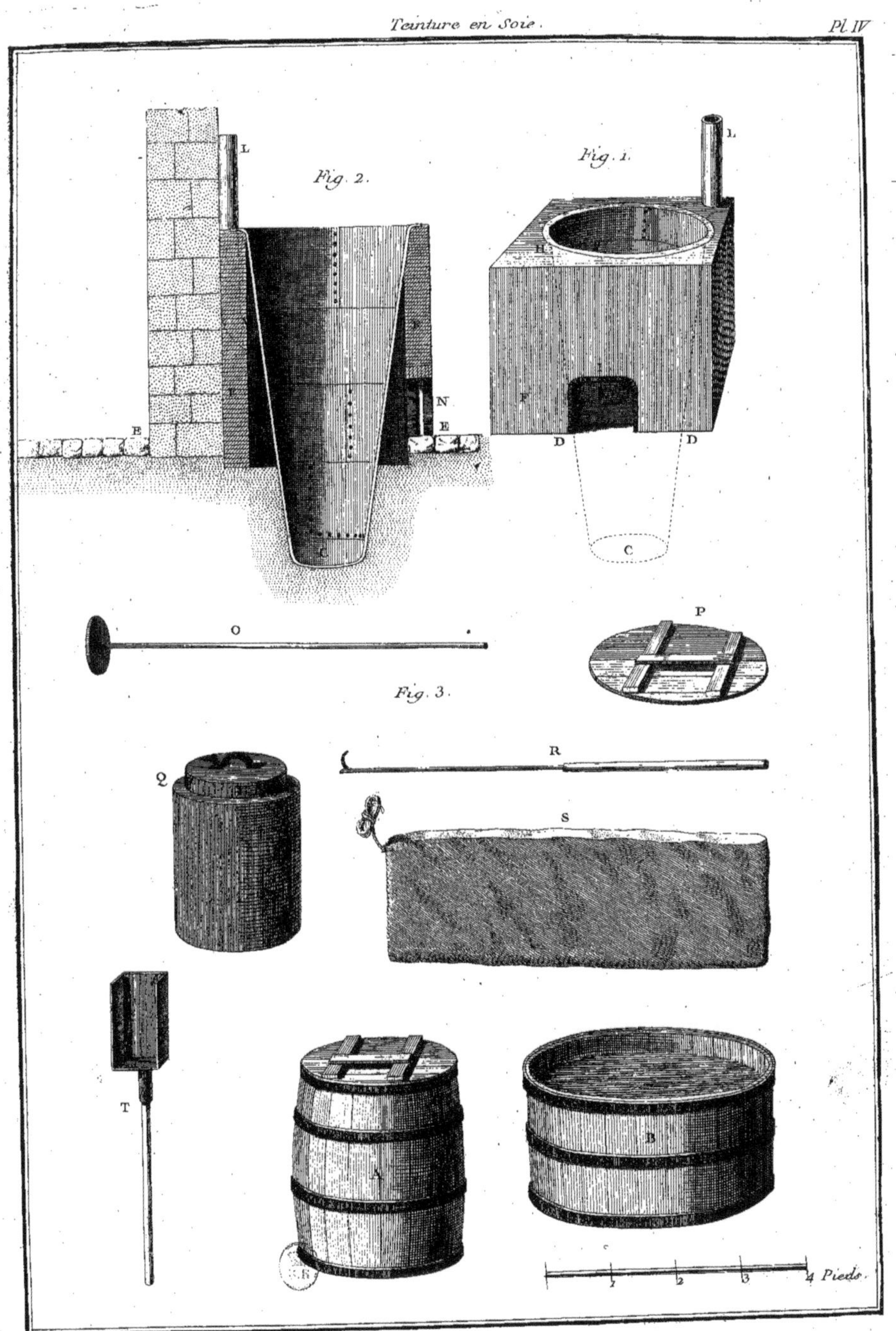
Fig. 2.
Fig. 1.
L
H
F
N
E
D
C
O
P
Fig. 3.
Q
R
S
T
A
B
1
2
3
4 Pieds.

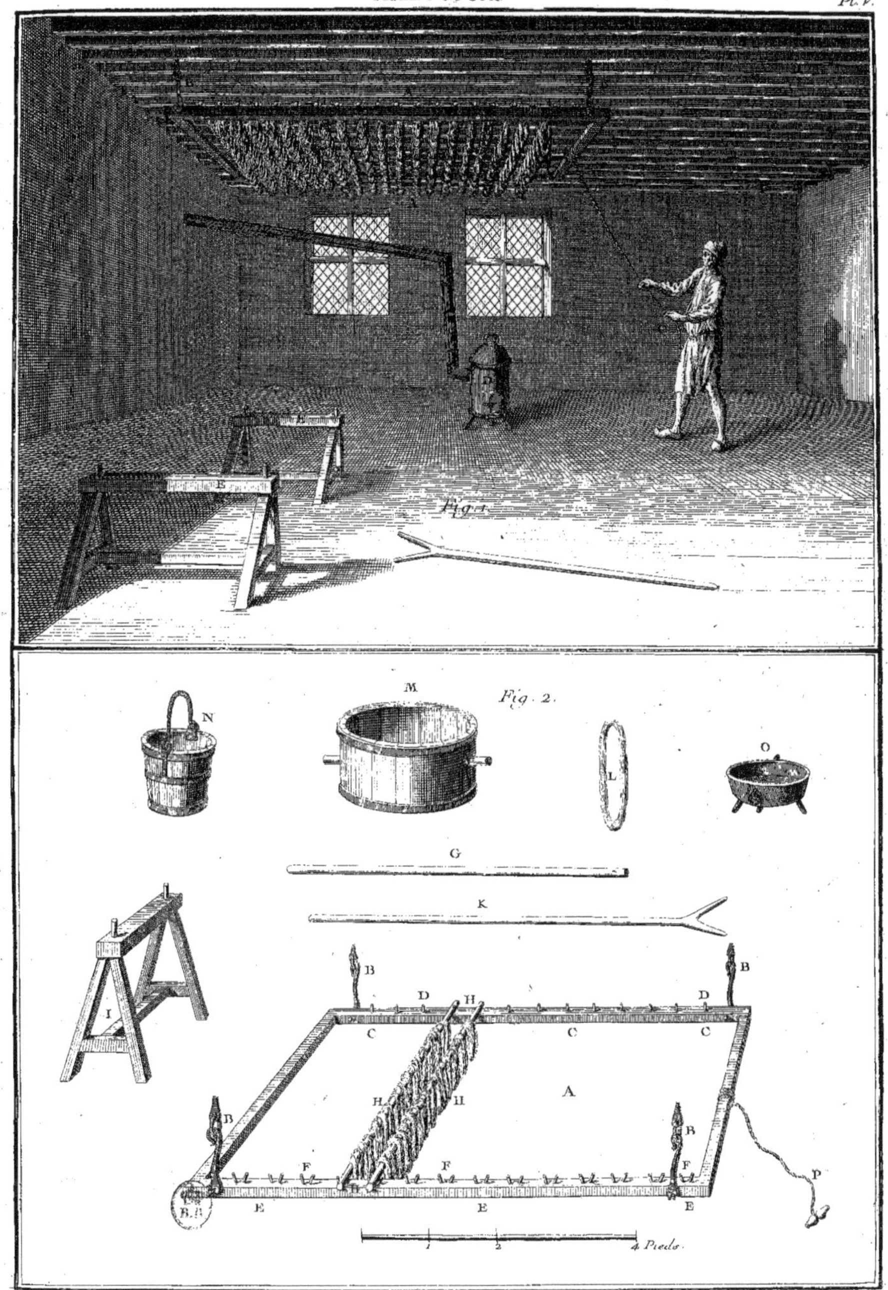
Fig. 1.
A
B
D
E
Fig. 2.
M
N
L
O
G
K
I
B
D
H
C
A
F
E
P
1
2
4 Pieds

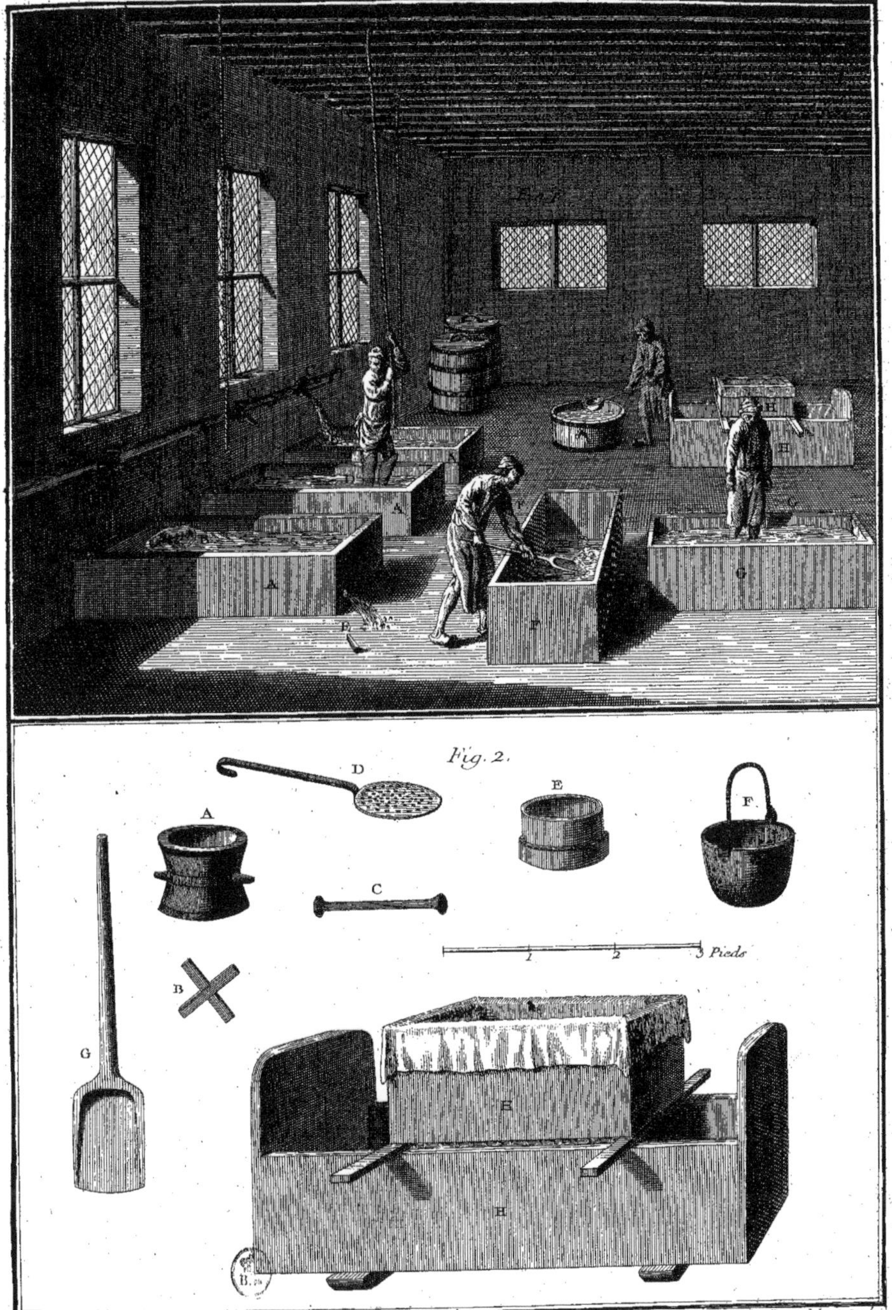

Patte del. et Sculp.

www.ingramcontent.com/pod-product-compliance
Ingram Content Group UK Ltd.
Pitfield, Milton Keynes, MK11 3LW, UK
UKHW022117190726
13855UKWH00003B/907

9 782013 058315